Theresa Selig

Zum Traummann in 30 Tagen

Ihr individueller Kurs: schnell, leicht, erfolgreich

Langenscheidt

Berlin · Madrid · München · Warschau · Wien · Zürich

Zum Traummann in 30 Tagen
Ihr individueller Kurs: schnell, leicht, erfolgreich
Theresa Selig

Idee & Konzeption: Stephan Denzer
Lektorat: Alexandra Bauer (textwerk, München)
Layout: Agentur Kopfbrand, München
Coverfotos: Getty Images/Bernd Opitz; fotolia/Otto; © iStockphoto.com/STEEX, iofoto; Autorenfoto: Ulf Buschmann
Alle Fotos im Innenteil: © iStockphoto.com
S. 9: Tempura's lightbulb; S. 23: Pixel Pimps; S. 39: knape; S. 57: Maica; S. 77: ALiJA; S. 91: digital planet design; S. 101: iofoto; S. 115: NinaMalyana; S. 131: VikaValter; S. 145: LiseGagne; S. 10–14, 84/85: merrymoonmary; S. 15, 38, 48, 69, 96, 137, 154: STEEX; S. 28, 43, 65, 108, 124, 150: Dodz Larysa; S. 27, 41, 68, 79, 100, 118, 153: Yuri Arcurs; S. 22, 31, 59, 81, 112, 141, 160: erel photography

Satz: kaltner verlagsmedien GmbH, Bobingen
Druck und Bindung: Stürtz GmbH, Würzburg
ISBN 978-3-468-73835-7
www.langenscheidt.de

12010

INHALTSVERZEICHNIS „Zum Traummann“

LEKTION 9

Tag 29: Notfallprogramm

LEKTION 10

Ab Tag 30: Traummann behalten

EINFÜHRUNG: *Warum Sie dieses Buch brauchen*

Herzlichst willkommen zu Ihrem neuen Schnellkurs „Zum Traummann in 30 Tagen“. Wir freuen uns sehr, dass Sie bei diesem absolut lebensnotwendigen Thema ausgerechnet uns vertrauen.

FÜR WEN IST DIESER RATGEBER GEEIGNET?

Ganz einfach: Für alle, die dieses Buch gekauft oder aber geschenkt bekommen haben (und natürlich erst recht für alle, die es heimlich haben mitgehen lassen, weil sie das mitleidige Lächeln der Verkäuferin an der Buchladenkasse nicht ertragen hätten).

Sie haben das Buch von einer Freundin geschenkt bekommen, die es entweder gut gemeint hat oder es nicht mehr länger erträgt, dass regelmäßig am Sonntagmorgen eine schlecht gelaunte Person mit am Familienfrühstückstisch sitzt und aus Frust alle Croissants wegisst? Sie haben sich dieses Buch selbst gekauft, weil Sie seit Längerem von Horror-Traumsequenzen geplagt werden, die stark an Bridget Jones' Ängste in „Schokolade zum Frühstück“ erinnern: nämlich als alte, frustrierte Jungfer zu enden, angenagt von den eigenen Schoßhündchen oder Schäferhunden, allein und sozial isoliert, ohne Kinder und Enkelkinder, die sich ansonsten bestimmt irgendwann gefragt hätten, warum bei Oma seit Wochen der Briefkasten überquillt?

Wortkombinationen wie etwa „Pärchenurlaub“ lösen bei Ihnen wahlweise Würgereize oder Aggressionsschübe aus – und Sie finden das mittlerweile selbst beängstigend? Neulich am Bahnschalter brachen Sie in Tränen aus, als der freundliche

Mitarbeiter sich arglos erkundigte, ob die „Partner-BahnCard" für Sie womöglich interessant sein könnte? Letzte Woche brüllten Sie Ihren Bankberater mit der Donald-Duck-Krawatte an, er solle sich gefälligst um seinen eigenen Scheiß kümmern und nicht im Intimleben fremder Leute herumstochern, nachdem er gefragt hatte, ob Sie Ihr neu eröffnetes Konto für einen Lebenspartner freischalten wollen? Beim Bäcker kaufen Sie immer mindestens zwei Brötchen oder Croissants, damit er nicht auf den Gedanken kommt, Sie könnten in den sieben Jahren, in denen Sie bei ihm jedes Wochenende einkaufen, pausenlos Single gewesen sein? (Den Einkauf vertilgen Sie später einfach alleine – natürlich nicht ohne vorher eine frusttaugliche Zweizentimeterschicht Nutella mit dick Butter drunter aufgetragen zu haben?)
Dann sind Sie genau richtig bei „Zum Traummann in 30 Tagen", denn dieser Schnellkurs wurde speziell für das Selbststudium für Anfänger, Beziehungstraumatisierte, Eingerostete und Verzweifelte gleichermaßen entwickelt.

WIE IST DER SCHNELLKURS AUFGEBAUT?

Gleich zu Beginn erlaubt ein kleiner Test Ihnen herauszufinden, wie verzweifelt Sie wirklich auf der Suche nach Ihrem Traummann sind. Vielleicht haben Sie sich das in letzter Zeit sowieso schon manchmal gefragt.
Vielleicht, weil Sie sich nun immer auf Herrenklos „verirren", um keine Gelegenheit auszulassen, Männer kennenzulernen. Vielleicht, weil Ihr schwuler Friseur neulich gedroht hat, Sie wegen sexueller Nötigung anzuzeigen. Oder vielleicht, weil Sie zuletzt eine fremde Zunge im Mund hatten, als Helmut Kohl noch Bundeskanzler war. Oder, als Sie sich jüngst beim Gedanken daran ertappten, sich an den 17-jährigen Sohn Ihrer

Arbeitskollegin ranzumachen. Oder neulich, als Sie ernsthaft darüber nachdachten, ob Sie der Kontaktanzeige antworten sollten, die Sie zufällig beim Pinkeln auf einer angeranzten Flughafentoilette am Toilettenpapierspender hingekritzelt lasen: „Junger Mann sucht junge Frau für Abenteuer und gemeinsame Träume – bin ein offener Geist."
Nachdem Sie dann also wissen, wie schlimm es um Sie bestellt ist, starten Sie mit der ersten von zehn Lektionen.

Merke: Es gibt kaum Orte (außer vielleicht Männertoiletten und der Salon Ihres schwulen Friseurs) und keine Alltagssituation, welche sich nicht für die Männerjagd eignen würden. Natürlich gelten im Jagdrevier „Wursttheke" andere Regeln als im Jagdrevier „Club Med". Deshalb ist dieser Führer auch in zehn Kapitel gegliedert – er widmet sich den unterschiedlichsten Situationen, in die Sie im Laufe der 30 Tage geraten könnten.

WIE IST EINE LEKTION AUFGEBAUT?

Für jeden Anlass bekommen Sie die nötigen einführenden Tipps und Grundregeln vermittelt. Dos und Don'ts werden leicht verständlich erarbeitet. Damit Sie den Stoff auch vernünftig eingehämmert kriegen, gibt es einen Haufen praktischer Übungen. Viel Spaß dabei!

GANZ ENTSPANNT LOSLEGEN

TAG 1

EINSTUFUNGSTEST:
Wie verzweifelt sind Sie wirklich?

Um herauszufinden, mit welcher Dringlichkeit Sie diesen kleinen Schnellkurs machen sollten, empfiehlt sich eingangs dieser Test. Durch ihn finden Sie heraus, wie verzweifelt Sie an der Männerfront tatsächlich sind. Können Sie einigermaßen entspannt an die Sache rangehen oder hören Sie Ihre biologische Uhr bereits so laut ticken, dass Sie Zwischentöne („Ich bin ja ein unheimlich freiheitsliebender Mensch") ignorieren und eindeutige Warnsignale (Ehering am Finger, Kindersitz im Auto) einfach übersehen?
Beantworten Sie alle Fragen einigermaßen wahrheitsgemäß und zählen Sie Ihre Punkte anschließend zusammen.

DER TEST

1. Als Sie zuletzt eine feste, gut funktionierende Beziehung hatten ...
a) ... wurde in Deutschland noch mit D-Mark gezahlt. (3 Punkte)
b) ... fanden Sie es noch romantisch, gemeinsam auf Musikfestivals in knöchelhohem Schlamm zu übernachten. (0 Punkte)
c) ... waren Milli Vanilli gerade in den Charts. (6 Punkte)

2. Wenn Sie zu einer Hochzeit eingeladen sind ...
a) ... bringen Sie als Begleitung immer Ihre beste Freundin mit. (3 Punkte)
b) ... trinken Sie zu viel Schnaps und heulen irgendwann vor Ekel, weil Sie das perfekte Glück des dauergrinsenden Brautpaars nicht mehr ertragen. (6 Punkte)

c) ... landen Sie mit großer Zuverlässigkeit am Restetisch und knutschen irgendwann besoffen mit einem übergewichtigen Vetter des Bräutigams. (0 Punkte)

3. Sonntags ....

a) ... in der Früh würden Sie seit mindestens fünf Jahren am liebsten exakt so viele Schlaftabletten nehmen, dass Sie Montagmorgen um Punkt halb acht wieder aufwachen. (6 Punkte)
b) ... lassen Sie sich besonders gerne von Freundinnen mit Familie zum Sonntagsbraten einladen, trinken dort den Rotwein aus und drängeln sich dann auch noch beim „Tatort" zwischen die Eheleute auf die Couch. (3 Punkte)
c) ... machen Sie sich einen schönen Wellnesstag mit Maske und Kräuterbad und trichtern sich selbst erfolgreich ein, dass man so was ja wirklich nur machen kann, weil man auf niemanden Rücksicht nehmen muss. (0 Punkte)

4. Sie waren schon einmal ...

a) ... verlobt, aber nicht verheiratet. (3 Punkte)
b) ... in Therapie wegen einer kaputten Beziehung. (3 Punkte)
c) ... beziehungsweise öfter mal allein im Cluburlaub auf Gran Canaria. (6 Punkte)

5. Einem Mann schauen Sie zuerst ...

a) ... auf den Hintern. (0 Punkte)
b) ... in die Augen. (3 Punkte)
c) ... auf den rechten und linken Ringfinger. (6 Punkte)

6. Wenn Sie einen Mann kennenlernen ...

a) ... sehen Sie sofort die um Nuancen hellere Hautpartie am Ringfinger, die einen abgezogenen Ehering verrät. (6 Punkte)

b) ... wissen Sie durch geschicktes Nachfragen innerhalb von einer halben Minute sein aktuelles Nettogehalt. (3 Punkte)
c) ... berechnen Sie anhand seiner Silhouette auf den Milliliter genau sein aktuelles tägliches Bierpensum. (0 Punkte)

7. An Weihnachten ...
a) ... machen Sie ein nettes Essen mit anderen übrig gebliebenen Freunden und reden sich das als unkonventionell schön. (0 Punkte)
b) ... betteln Sie im Job darum, die Tages- und Nachtschicht an Heiligabend und beiden Weihnachtsfeiertagen hintereinander und am Stück machen zu dürfen, weil Sie die Familienharmonie, die bei Ihren Freundinnen mit kleinen Kindern ausgebrochen ist, nicht aushalten. (6 Punkte)
c) ... fahren Sie zu Mama und Papa und ertragen stoisch die Nachfragen der buckligen Verwandtschaft („Ach, immer noch alleinstehend ...?“). (3 Punkte)

8. Dem Seelenleben welcher Frau kommt Ihre innere Verfassung am nächsten?
a) Bridget Jones in „Schokolade zum Frühstück“ – akute Torschlusspanik. (0 Punkte)
b) Glenn Close in „Eine verhängnisvolle Affäre“ – absolut wahnsinnige Stalkerin. (6 Punkte)
c) Nene in „Sissi“ – gedemütigt und dann nicht mehr bindungsfähig. (3 Punkte)

9. Bei welchem Signalwort sehen Sie rot?
a) „Dauersingle“ (6 Punkte)
b) „Pärchenabend“ (3 Punkte)
c) „Ehegattensplitting“ (3 Punkte)

10. Wenn Ihnen auf einer Party ein attraktiver männlicher Single vorgestellt wird ...

a) ... bleiben Sie erst mal in Deckung und warten, ob da was kommt und wenn ja, was. (0 Punkte)

b) ... hyperventilieren Sie. (6 Punkte)

c) ... werden Sie rot, verkrampft und reden nur noch Stuss. Der Satz „Ich habe eine Wassermelone getragen" würde im Vergleich dazu beinahe schlagfertig klingen. (3 Punkte)

11. Welche Formulierung haben Sie mangels Verwendung aus Ihrem aktiven Wortschatz gestrichen?

a) „mein Freund" (6 Punkte)

b) „romantischer Wochenendausflug" (3 Punkte)

c) „Candle-Light-Dinner" (3 Punkte)

12. Ihnen gegenüber in der U-Bahn sitzt ein wild knutschendes Paar. Sie ....

a) ... stehen empört auf und brüllen: „Habt ihr kein Zuhause oder was?" (6 Punkte)

b) ... glotzen so auffällig hin, als handle es sich um eine Massenkarambolage. (6 Punkte)

c) ... glotzen dezent hin und sind neidisch. (3 Punkte)

13. Welcher traurigen Tatsache müssen Sie ins Auge blicken?

a) Ihre Eltern hatten im vergangenen Jahr höchstwahrscheinlich mehr Sex als Sie. (3 Punkte)

b) Ihr Vibrator hatte sich so abgenutzt, dass Sie ihn verstohlen in der Gelben Tonne entsorgen mussten. (6 Punkte)

c) Ihre 14-jährige Nichte hatte im vergangenen Jahr höchstwahrscheinlich mehr Sex als Sie. (3 Punkte)

IHR TESTERGEBNIS

15 bis 25 Punkte
Sie bewahren bisher ja noch einigermaßen Haltung. Es wird zwar einen Grund geben, warum Sie dieses Buch in Händen halten, aber zumindest wollen Sie sich nicht jedes Mal von einem Hochhaus stürzen, wenn ein Date nicht optimal gelaufen ist. Sie haben die privilegierte Möglichkeit, diesen Schnellkurs einigermaßen besonnen und mit Würde anzugehen.

26 bis 55 Punkte
Sie gehören zu denen, die sich immer wieder tapfer einzureden versuchen, das Alleinsein habe doch wirklich auch seine Schokoladenseiten. Liierten Freundinnen gehen Sie mit häufigen Monologen auf die Nerven, in welchen Sie betonen, wie toll es doch sei, auf niemanden Rücksicht nehmen zu müssen. Und Sie würden sich natürlich lieber die Zunge abbeißen, als zuzugeben, dass Sie sich zum wiederholten Mal zum Speed-dating angemeldet haben.

56 bis 78 Punkte
Sie sind in einem Stadium angelangt, in dem Sie sich keine Mühe mehr geben, irgendwas zu überspielen. Ihr Nervenkostüm ist so hauchdünn wie diese leckeren zartbitteren Schokoladentäfelchen, von denen Sie täglich mindestens eine Packung verdrücken und Ihr Aus-der-Form-Gehen mit Ihrem gesteigerten Bedarf an „Soul Food" rechtfertigen. In Ihrem Freundeskreis kursieren mittlerweile Scherze über Sie, die Sie lieber nicht wissen wollen. „Wenn sie ein Igel wäre, würde sie mittlerweile sogar mit einer Haarbürste ins Bett gehen" ist noch einer der harmloseren.

DEFINITION „Traummann"

Nachdem Sie nun eine Einschätzung Ihres Verzweiflungsgrads haben, können wir endlich konkret werden. Dafür erscheint es sinnvoll, sich zunächst dem Objekt zu widmen, das es anhand der folgenden Lektionen klarzumachen gilt.

Grundsätzlich sollten sich alle Leserinnen bewusst machen: Der Begriff „Traummann" ist ein ebenso relativer wie „breite Hüften" oder „Orangenhaut" – jeder beziehungsweise jede hat da eine andere Messlatte und jeder/jede legt diese Messlatte unterschiedlich hoch. Um gleich beim praxisnahen Beispiel der Orangenhaut zu bleiben: Während manche Frauen bereits mehrere Lasersitzungen hinter sich haben, tragen andere bei objektiv gleichem Orangenhautniveau ohne Weiteres einen gürtelbreiten Mini ohne Strumpfhose. Soll heißen: Während es manchen Frauen scheinbar reicht, wenn ein Mann über einen funktionierenden Penis verfügt, verfangen sich andere in Traumgebilden, in welchen ihr Partner den Hundeblick von George Clooney mit dem Körper eines Chippendales und dem Geist von Roger Willemsen vereint. (Auf gar keinen Fall andersherum.)

Lernen Sie Ihr Beuteschema kennen

Beide Herangehensweisen sind nicht optimal, so viel steht fest. Denn ein Penis allein bedeutet natürlich noch nicht, dass dieser Mann Sie auch in Situationen zufriedenstellt, in welchen der Einsatz eines Geschlechtsteils wenig bis keinen Sinn ergibt. Andererseits neigen gerade Frauen, die schon lange allein sind, dazu, sich ihren Traummann zum absolut illusorischen Gebilde zu stilisieren.

Also: Überlegen Sie sich, was Ihnen wirklich wichtig ist. (Ein paar Dinge wie ein Gewicht unter 120 Kilogramm und dass er keine Frauen schlägt, setzen wir jetzt einfach mal für alle Leserinnen voraus.) Sie wollen wahrscheinlich, wie die meisten Frauen, einen gepflegten, einfühlsamen Mann, der gerne und stundenlang der Schilderung Ihrer Probleme lauscht und sich stets bestens in Sie und Ihr wirres Hirn hineindenken kann; sich unheimlich enthusiastisch am Samstagmorgen um spätestens halb zehn aufs Fahrrad schwingt, um frische Croissants – beziehungsweise je nach aktueller Gemütslage ein Vierschrotbrötchen vom Biobäcker Ihres Vertrauens – zu holen, und gerne mit Ihnen in den Ayurveda-Yoga-Urlaub nach Aswem Beach fährt. Klar, solche Männer gibt es. Allerdings sind die blöderweise alle mit einem Mann liiert.

Gerade in den ersten Lektionen, so circa 2 bis 5, können Sie ruhig noch auf einige Ihrer wichtigsten Kriterien achten. Danach sollten Sie langsam kompromissbereiter werden und spätestens mit Lektion 9 alle guten Vorsätze fahren lassen. Wie sich auch der letzte Trottel mit ein bisschen Fantasie oder anderen Hilfsmitteln zum Traummann ummodeln lässt, wird dort natürlich erklärt.

Tipp & Top

Dennoch gilt die goldene Grundregel: Zwingen Sie sich auf gar keinen Fall zu fragwürdigen Dingen, auf die Sie eigentlich nicht sooo viel Lust haben, bloß weil Sie Angst haben, eine Chance zu verpassen. Er möchte schon beim zweiten Date, dass Sie hohe Stiefel tragen sowie eine kleine Peitsche und ein Hundehalsband mitbringen? Nun, überlegen Sie einfach, ob das auch in Ihrem Sinne ist.

WAS MÄNNER WOLLEN
(so ungefähr)

SEX!

Männer wollen vor allem, und machen Sie sich da bitte nichts vor, Sex, und zwar so viel wie möglich und so schnell wie möglich. Es bringt nichts, das abzustreiten oder darauf zu warten, jemanden zu treffen, bei dem das angeblich nicht so ist. Das ist evolutionsbiologisch zu erklären: Dem Mann an und für sich liegt besonders daran, seinen Samen möglichst weit und ausgiebig zu streuen, um Nachfahren zu sichern. Dies müssen Sie nun unter einen Hut kriegen mit Ihren Nestbaubestrebungen. Wie das geht, sobald Sie Ihren Traummann im Netz haben, steht in Lektion 10. Davor geht's aber erst mal darum, potenzielle Kandidaten nicht zu verprellen, ohne sofort mit jedem in die Kiste hüpfen zu müssen.

DER KING SEIN

Männer wollen, natürlich gibt es Ausnahmen, keine Frauen, die stärker sind als sie. Tatsächlich gibt es nicht wenige, die auf rehäugige Hascherl stehen, die wie ein debiles achtjähriges Mädchen kichern, wenn sie einen Schraubenzieher in die Hand nehmen oder einen Rasenmäher bedienen sollen. Das ist einem Beschützerinstinkt geschuldet, den sich die Männer auch über die Jahrmillionen Jahre Entwicklung erhalten haben ... Machen Sie jedoch nicht den Fehler, das kleine Mädchen mit Bambiblick zu geben, wenn Sie in Wahrheit eine selbstbewusste, eher matronenhafte Rubensfrau sind. Sie sollen sich nicht unbedingt verstellen, aber behalten Sie im Kopf, welchen Grundmustern die meisten Männer folgen. Sie haben Angst vor:

***Frauen,** die mehr verdienen als sie selbst.*
***Frauen,** die erfolgreicher sind als sie selbst.*
***Frauen,** die den Schlagbohrer besser bedienen als sie selbst.*

Wie schon gesagt: Das heißt nicht, dass Sie so tun sollen, als würden Sie halbtags im Kindergarten arbeiten, während Sie in Wahrheit im Vorstand eines DAX-Unternehmens sind. Oder dass Sie vor Werkzeugen Angst haben, obwohl Sie eigentlich so ähnlich ticken wie Mike Krüger in der Werbung für einen großen Baumarkt und zur letzten Fußball-WM eigenhändig eine mehrstufige Terrassentribüne für Ihren Garten gebaut haben. Seien Sie am Anfang einfach etwas dezent, lassen Sie sich zum Beispiel nicht raushängen, dass Sie doppelt so viel verdienen wie er. Nicht weil alle Männer ein Heimchen am Herd wollen, sondern weil Sie selbst es vielleicht auch ätzend fänden, wenn der Mann die ganze Zeit von seinem absolut geilen Job beim absolut geilen Unternehmen XY erzählt. Angeber sind immer unsympathisch – egal, welchen Geschlechts.

MYTHOS „innere Werte"

Hören Sie endlich auf, den Quatsch mit den inneren Werten zu glauben. Innere Werte zählen für Männer vor allem dann, sobald es um das geht, was sich unter der Motorhaube seines Audi A6 oder im Inneren seines 3-D-Plasmafernsehers verbirgt. Geht's allerdings ums Kennenlernen, guckt jeder Mann Ihnen gern auf die Titten und freut sich, dass Ihr Gesicht nicht einer Mondkraterlandschaft ähnelt. Widersprechen Sie nicht. Behaupten Sie nicht, es gäbe doch Ausnahmen ... Ja, die gibt es, aber falls Sie auf die warten, sind Sie womöglich schon in Altersteilzeit, wenn Sie endlich Erfolg haben. Sie müssen die Tittenfixiertheit der Männer ja nicht gutheißen, Sie sollten in der Öffentlichkeit bloß nicht so herumlaufen, wie Sie das vielleicht an depressiven Sonntagen in Ihrer eigenen Wohnung zu tun pflegen. Denn bedenken Sie, dort ist es höchstens Ihr Goldfisch, der sich mit Grauen im Aquarium abwendet, draußen sind es echte Männer.

REGELN

Halten Sie sich also ab sofort an diese einfachen Regeln:

- Gehen Sie nicht mehr ungeschminkt aus dem Haus. Auch nicht, falls Sie Ihr Vierschrotbrötchen traurigerweise mal wieder allein aus dem Biomarkt holen. Ab jetzt gilt: Jeder Augenblick, den Sie unter Menschen verbringen, ist eine potenzielle Chance.
- Selbst wenn „Gala“ und „Instyle“ Ihnen immer mal wieder einreden, Jogginghosen wären total angesagt: Prüfen Sie genau und selbstkritisch, ob Ihr lachsfarbenes, ausgewaschenes Jersey-Modell wirklich irgendwas gemein hat mit Jessica Biels grauer Jogginghose an deren Astralkörper.
- Und hier wieder eine kleine Erkenntnis aus der Evolutionsbiologie: Männer finden Frauen mit großen Titten und sexy Hüften nicht nur heiß, weil sie chauvinistische, frauenverachtende, oberflächliche Monster sind. Sie sind einfach – und das ist in diesem Fall gar nicht abfällig gemeint – schwanzgesteuert. Es geht ihnen um den Arterhalt, und gesund sowie vital wirkende Frauen waren schon zu Steinzeiten die,

bei denen sich das mit dem Samenverstreuen am meisten zu lohnen schien. Sie müssen jetzt nicht unbedingt eine Eigenbluttherapie oder eine sündteure Vitaminkur beginnen, nur weil Ihre Haut vom Rauchen fahl ist und die Haare etwas gesplisst aussehen. Make-up (immer Wimperntusche!), regelmäßiges Haarewaschen, der Gebrauch von Deo und der Verzicht auf den lachsfarbenen Jogginganzug wären schon zweckdienlich.

> Werden Sie nicht fett! Und sind Sie bereits fett, werden Sie dünner! Sie müssen kein Hungerhaken sein, „sinnliche Rundungen", wie es so schön euphemistisch heißt, sind okay. Gerade ein sogenanntes „gebärfreudiges Becken" kommt bei den samenverstreuenden Männern wiederum recht gut an.

REGELN für Ihr Sozialverhalten

Einen Korb zu kriegen fühlt sich für Frauen wahrscheinlich noch schlimmer an als für Männer – und selbst die stellen sich nach einem Korb ja manchmal so an, als hätte ihnen jemand ohne Betäubung ins Knie geschossen.

Und Sie haben natürlich recht: Einen Korb zu bekommen ist demütigend, demoralisierend und lässt das eigene Selbstbewusstsein auf die Größe einer Mungobohne schrumpfen. Sie müssen unbedingt schmerzbefreiter werden! Stellen Sie sich einfach vor, Sie würden an einer unheilbaren Krankheit leiden und in ein paar Tagen ohnehin das Zeitliche segnen. Oder bilden Sie sich ein, Sie würden nächste Woche in den kolumbianischen Dschungel auswandern, um dort eine Eisdiele zu eröffnen. Da macht es gar nichts, ein bisschen verbrannte Erde zu hinterlassen. Phlegmatisch, zurückhaltend, verklemmt, zu keinem Wagnis bereit – so wird es nicht funktionieren mit dem Traummann in 30 Tagen. Sie müssen bereit sein, etwas zu riskieren, und sei es ein Gesichtsverlust.

Wenn die Angst vor verbrannter Erde und Gesichtsverlust vor möglicherweise bekanntem Publikum zu groß ist, dann verlegen Sie einige Jagdreviere (Fitnessstudio, Metzgerei ...) in einen anderen Stadtteil oder eine andere Kleinstadt – falls Sie das mit der Eisdiele in Kolumbien nicht wirklich in die Tat umsetzen und trotzdem noch ein Sozialleben außerhalb Ihrer dunklen Singlewohnung führen wollen, falls mal ein Anbahnversuch richtig schlimm danebengehen sollte.

BELIEBTE DENKFEHLER » FALSCH « vs. » RICHTIG «

» Wenn er mich mag, dann wegen meiner inneren Werte. «
» Die Bedeutung von Brüsten kann gar nicht hoch genug eingeschätzt werden. «

» Für mich kann er die „Sportschau" mit den Jungs auch mal ausfallen lassen. «
» Nein, kann er nicht. Will er nicht. Seien Sie keine Klette! «

» Wenn ich schon nach zwei Wochen mit ihm ins Bett will, hält er mich womöglich für ein Flittchen. «
» Was Sex betrifft, kann es für ihn gar nicht schnell genug gehen. «

DIE PASSENDE JAGDBEGLEITUNG AUSWÄHLEN

Vorsicht vor saturierten, bequemen Freundinnen, die seit gefühlten Jahrtausenden mit demselben Mann zusammen sind. Sie können zum Ballast werden, zum Klotz am Bein, sobald es darum geht, Männer aufzureißen. Sie werden zu schnell müde und zu schnell betrunken. Und: Sie lösen bei Ihnen Aggressionen aus, wenn sie gegen Mitternacht – Sie drehen gerade erst auf und haben für Sie beide noch jeweils einen doppelten Gin Tonic bestellt – gähnen und nach Hause in ein vorgewärmtes Bett steigen wollen. „Weil der Tobi gerade eine SMS geschrieben hat, dass die Jungs jetzt auch nach Hause gehen." Oder „weil die Leonie jetzt bestimmt an die Brust will". Außer Sie kennen vielleicht die ein oder andere Freundin in einer festen Beziehung, die frustriert und gezielt auf der Suche nach einer Affäre ist. Das ist ideal, sie sind Schwestern im Geiste!

Ändern Sie Ihre Haltung, falls Sie allein unterwegs sind. Gehören Sie zu denjenigen, die ungern allein ein Café oder Restaurant betreten? Nur weil Sie denken, dass sämtliche anwesende Gäste ihren Laserblick auf Sie richten und genüsslich beobachten wollen, wie Sie mit einem Mantelzipfel an der Kakaotasse eines Kleinkinds hängen bleiben und diesem die heiße Flüssigkeit auf den blütenweißen Angorapulli spritzt. Lösen Sie sich von Ihrer albernen Paranoia! Lassen Sie Ihren Blick schweifen, scannen Sie das Männerpotenzial jedes Raumes, den Sie betreten. Es lohnt sich!

Scannen Sie das Männerpotenzial

TRAUMMANN NEBENBEI ABGREIFEN

TAG 2 BIS 4

In diesem Kapitel lernen Sie: Das Ferne liegt manchmal so nah. Sie haben jeden Tag die Möglichkeit, Ihren Traummann kennenzulernen. Im Büro, beim Sport, an der Wursttheke geht einiges. Wandern Sie ab sofort so gewissenhaft durch Aldi, als würden Sie in den Alpen nach seltenen Blumen suchen.

IM BÜRO
Kollegen klarmachen

Vergegenwärtigen Sie sich: An keinem anderen Ort der Welt verbringen Sie für gewöhnlich derart viele wache (oder halbwegs wache) Stunden wie im Büro – es würde also an Fahrlässigkeit grenzen, wenn Sie diesem Jagdrevier nicht Ihre volle Aufmerksamkeit schenken.
Die Männerjagd im Büro bietet einige unschlagbare Vorteile – die wahrscheinlich größten: Das Risiko, an einen irren Freak zu geraten, ist verhältnismäßig klein – Sie wissen in etwa, was auf Sie zukommt. Und Sie wissen von Anfang, dass er den absolut geilen Job, von dem er ständig erzählt, auch tatsächlich hat und seine „Executive Sales Manager"-Stelle in Wahrheit nicht bedeutet, dass er beim Media Markt Kunden mit gefährlichem Halbwissen über Plasmabildschirme verunsichert.

VORSICHT

Höchstwahrscheinlich bekommen Sie mit, falls der betreffende Kollege ...

- ... allen Ernstes mit einem windschnittigen Fahrradhelm zur Arbeit kommt.
- ... tagsüber riecht wie eine Schnapsbar.

- ... die letzte Beziehung mit einer Kollegin so beendet hat, dass diese drei Monate krankgeschrieben und in psychiatrischer Behandlung war.
- ... in der Kantine ein Essverhalten an den Tag legt, welches stark an das eines Dreijährigen erinnert, und auf dem Tisch ein regelrechtes Schlachtfeld hinterlässt.
- ... ein Schmarotzer ist und den Satz „Och menno, schon wieder mein Portemonnaie vergessen, könntest du ...“ stark überstrapaziert.
- ... allen Frauen, die einen Rock tragen, der über dem Knie endet, penetrant auf den Unterbau glotzt.
- ... Menschen, die in der Hierarchie unter ihm stehen, wie Leibeigene behandelt.
- ... seine Frau mit seiner Assistentin betrügt.
- ... auf der Weihnachtsfeier total betrunken mit der Praktikantin vögelt.

Voraussetzung ist natürlich: Sie müssen im Büro gut vernetzt sein. Machen Sie der Sekretärin Ihrer Abteilung öfter mal Komplimente für ihren tollen Lippenstift oder ihre wirklich entzückende Handtasche; bestechen Sie den Hausmeister und den Mann am Einlass mit selbst gebackenem Kuchen oder einer Flasche Chantré. Wenn Sie mal gezielt eine Information brauchen – Sie werden sie bekommen. Ein weiterer Vorteil: Sie haben alle Zeit der Welt, solange nicht einer von Ihnen beiden gefeuert oder versetzt wird. Anders als in der U-Bahn, im Supermarkt oder auf Partys können Sie sich panikmachende „Jetzt oder nie“-Gedanken sparen. Ganz im Gegenteil: Sie können das Objekt Ihrer Begierde nun mehr oder weniger dezent studieren – bei Konferenzen, in der Kantine, auf Betriebsfesten. Achten Sie aber darauf, nicht so zu enden wie damals als pubertierender Teenager, als Sie die Pausen mehrere Schuljahre lang damit zubrachten, aus sicherer 20-Meter-Entfernung den Schulschwarm anzuschmachten. Geredet haben Sie mit ihm natürlich bis zur Abschlusszeugnisvergabe kein einziges Wort. Beachten Sie also: Sobald Sie sich im Büro jemanden ausgeguckt haben, bei dem sich ein Angriff Ihrer Ansicht nach lohnen könnte, entwickeln Sie eine Strategie und schalten auf „Go".

Auch wenn es ein bisschen bitter ist und Sie eigentlich generell viel mehr über die neueste Inszenierung am Deutschen Theater in Berlin und die Lage im Nahen Osten reden sollten, ist doch Fakt: Alle reden ständig über den Job. Wer uns nervt, was uns nervt, warum uns wer nervt. Freunden geht man damit gerne mal auf die Nerven, aber es gibt nichts Schöneres, als die Lästereien über den irren Chef mit jemandem zu teilen, der ihn ebenfalls kennt oder sogar unter ihm leidet. Gemeinsames Arbeiten verbindet also ungemein – der Gesprächsstoff wird Ihnen so schnell nicht ausgehen. Bevor es allerdings tatsächlich zu einer Verabredung mit einem Kollegen kommt, müssen Sie auf diese planvoll hinarbeiten. Was bedeutet: Sie müssen auf sich aufmerksam machen.

FALL 1: DIREKTER KOLLEGE

Wenn es sich um einen Kollegen handelt, mit dem Sie relativ eng zusammenarbeiten, weiß er zumindest schon mal, wer Sie sind und wie Sie heißen, hoffentlich. (Wenn nicht, ist das auch nicht so schlimm. Die beiden Kollegen, die neulich am Kopierer auf gemeinste Art und Weise über die „graueste Maus der ganzen Firma" lästerten, haben ganz bestimmt nicht Sie gemeint!)

Sobald ein Kollege Ihr ernsthaftes Interesse geweckt hat, haben Sie die Ausschlusskriterien (siehe oben) höchstwahrscheinlich bereits überprüft. Nun gilt es also, ihm klarzumachen, dass Sie neuerdings an mehr interessiert sind als einem freundschaftlichen Kollegenverhältnis und ab und zu ein paar lahmen Bürokalauern. Suchen Sie Kontakt. Damit ist nicht gemeint, ein Dekolleté aufzufahren, welches jeder Festzeltbedienung den Rang ablaufen würde. Und: Gerieren Sie sich lieber nicht so wie Demi Moore im ziemlich trashigen 90er-Jahre-Thriller „Enthüllung“, in dem sie Michael Douglas sexuell belästigt. Seien Sie diskret. Falls Sie über eine einigermaßen passable Körperkoordination verfügen, könnten Sie ja versuchen, im vollen Konferenzzimmer Ihren Körper an seinem „entlangzustreichen“ und dabei nicht zu wirken wie ein Cockerspaniel, der sich an einem Möbelstück befriedigt.

Machen Sie ihn auf sich aufmerksam

Die meisten Frauen sollten sich lieber auf die sichere Seite begeben und es erst mal verbal probieren. Fragen Sie ihn um Rat, wenn Sie ein berufliches Problem haben, und laden Sie ihn zum Dank in die Kantine auf die Plörre ein, die sie dort Kaffee nennen. Dann bringen Sie das Gespräch auf Privates. Erwähnen Sie einen Film, den Sie gern im Kino sehen würden, und schlagen Sie vor, nach der Arbeit mal zu diesem sagenhaften Japaner zu gehen, von dem Sie schon so viel gehört haben.

FALL 2: ENTFERNTER KOLLEGE

Bei einem Kollegen, der nicht in Ihrer Abteilung arbeitet und den Sie bisher nur vom Sehen kennen, müssen Sie direkter werden. Schaffen Sie zufällige Begegnungen: Reihen Sie sich in der Kantinenschlange unauffällig hinter ihm ein. Machen Sie das dezent, lungern Sie also nicht ab halb zwölf mit einem Tablett in der Hand an der Theke herum und stürzen zu den anstehenden Hungrigen, sobald er auftaucht. Überlegen Sie sich vorher etwas Originelles, das Sie im Laufe der nächsten Minuten, in denen die träge Schlange von „Mahlzeit!" trompetenden sowie Bierbäuche vor sich herschiebenden Mitarbeitern langsam an Krautsalateimern entlanggeschleust wird, platzieren können.

Lassen Sie sich für ihn was Originelles einfallen

GESPRÄCHSEINSTIEG

Einen Großteil der Gespräche unter Kollegen nimmt in jeder Firma traditionellerweise das (meist despektierliche) Reden über die Kantine und deren Speisenangebot ein. Bedienen Sie sich aus diesem Fundus!

★★☆ **Fad:** „Also ich nehme heute die Gewürzknacker, die waren letzte Woche sehr gut."

★★★ **Nervig und fad:** „Ich nehme die Hähnchenschenkel ja immer ohne Sauce béarnaise, das würde meine Low-Carb-Ernährung wirklich konterkarieren."

★☆☆ **Eigentlich lustig, blöd nur wenn der Koch Ihnen gerade gegenübersteht:** „Das Gulasch schmeckt ja immer so, als hätte der Koch sich in den Topf übergeben, finden Sie nicht?"

☆☆☆ **Gut:** „Das ist ja toll! Die Form Ihres Hacksteaks erinnert mich total an die Silhouette von Tobago!"

Und dann geht's ganz einfach, als Nächstes sagen Sie: „Ich bin übrigens XY aus Abteilung Z, wollen wir uns an einen Tisch setzen?" So, und jetzt hoffen wir, dass Sie nicht so kurzsichtig waren, sich großblättrigen Salat, Spaghetti bolognese oder, der Super-GAU, Spareribs bestellt zu haben, und mit einer ungeheuren Sauerei Ihr Gegenüber sofort wieder in die Flucht schlagen. Aber da brauchen wir ja eigentlich keine Angst haben, nicht wahr? Weil Sie ja eh die Hähnchenschenkel ohne Sauce béarnaise, dafür mit extra viel Gemüse bestellt haben.

CHECKLISTE

Tabus beim Jagen im Büro – Ihrem guten Ruf zuliebe:

> Über Leute lästern, von denen Sie nicht ganz sicher sind, ob er sie genau so blöd findet wie Sie.

> Sich an den Chef ranmachen. Wenn Sie eine Abfuhr kriegen und das irgendwie publik wird, sind Sie für immer die, die sich hochschlafen wollte und nicht mal das hingekriegt hat.

> Denken, es sei eine gute Idee, als Jagdkostüm nur noch gürtelbreite Röcke zu tragen.

> Spontaner Sex auf dem Kopierer, im Lift oder/und auf Ihrem Schreibtisch.

IM SUPERMARKT
shoppen und anbandeln

Der Supermarkt ist ein wahres Flirt-Eldorado, Sie müssen nur lernen, ihn als solches zu nutzen. Ab sofort verbietet es sich, wie gewohnt schlecht gelaunt und anderen Leuten mit Ihrem

Wagen in die Hacken fahrend durch die Gänge zu hetzen – nur um noch schnell ein Fischfilet Bordelaise sowie einen Rotwein zu kaufen und damit vor die Glotze zu sinken. Ab sofort betreten Sie Ihren Supermarkt mit Bedacht und höchster Aufmerksamkeit. Wenn Sie genau hinschauen, dann fällt Ihnen sicherlich auf: An jeder Ecke lauert eine potenzielle Situation, in der Sie Männer kennenlernen können. Und: Am besten gehen Sie nur abends einkaufen. So stellen Sie relativ sicher, nicht an Männer zu geraten, die den restlichen Tag im Feinripp-Unterhemd vor „RTL II" verbringen.

IM GANG

Tun Sie so, als würden Sie es nicht schaffen, zu dem hochgelegenen Regalfach zu gelangen, in dem sich zum Beispiel der Senf befindet. Warten Sie, bis sich ein männliches Wesen über 1,85 Meter nähert. Schließlich platzieren Sie den schönen Kalauer: „Können Sie mir vielleicht einen runterholen?"

Folgen Sie dem Objekt Ihrer Begierde und lassen Sie kurz hinter ihm ein Produkt, das Sie vorher aus dem Regal geholt haben, fallen. Dann sagen Sie: „Ups, ich glaube, Sie haben da gerade etwas verloren!"
Variante: Sie folgen ihm und warten, bis er vor einem bestimmten Produkt zum Stehen kommt. In dem Moment, in dem er danach greift, langen Sie blitzschnell zu, sodass Ihre Hände gleichzeitig nach dem Glas Spreewaldgurken greifen. Sie kichern charmant-verlegen und beginnen ein Gespräch mit so was wie „Ach, die Chiliknackergürkchen essen Sie auch so gern? Wir müssen seelenverwandt sein!"

Verzichten Sie auf einen Einkaufswagen oder Einkaufskorb und laden Sie sich Ihre Arme so voll es nur geht. Lassen Sie etwas fallen, wenn ein interessanter Mann vorbeigeht. Wiederum bieten sich Glasflaschen, Sahnebecher und reife Früchte nicht so gut an. Die Sauerei wird nicht er, sondern eine schlecht gelaunte Kassiererin wegmachen.

IM OBST- UND GEMÜSEBEREICH

Lauern Sie gezielt Männern auf, die Obst kaufen wollen und zu diesem Zweck an den Früchten herumdrücken, um den Reifegrad zu ertasten. Jetzt kommen Sie ins Spiel. Hauchen Sie: „In solchen Sachen bin ich Profi" und versuchen Sie dann, Melone oder Avocado irgendwie lasziv zu streicheln. Auch gut: Nehmen Sie eine Erdbeere und stecken sie in den Mund, lutschen Sie daran und rollen lustvoll mit den Augen. Ignorieren Sie die Pestizide, die sich gerade in Ihrem Speichel auflösen.

AN DER FRISCHFLEISCHTHEKE

Männer mögen Frauen, die kein Problem mit Fleisch, insbesondere deftigen Fleisch- und Wurstwaren haben. Wenn Sie also mit einem interessanten Mann gemeinsam an der Wursttheke stehen, sollte Ihre Bestellung mindestens zwei der folgenden Fleischprodukte beinhalten: Sülze, Presssack, Zwiebelmettwurst. Falls er vor Ihnen dran ist, bringen Sie Ihren Fleischfachverstand ein: „Ach, die grobe Kalbsleberwurst nehm ich auch immer gern, der Hauch Majoran macht sich wirklich gut, finden Sie nicht?" Oder protzen Sie mit unnützem Wissen: „Wussten Sie, dass man einen Hackführerschein braucht, um an der Wursttheke arbeiten zu dürfen?"

Protzen Sie vor ihm mit unnützem Wissen

VOR DEM WEINREGAL

Schinden Sie wahlweise Eindruck mit Ihrem Weinfachverstand oder Ihrer Trinkfestigkeit: „Wenn Sie einen guten Rotwein suchen, würde ich Ihnen ja den Cabernet Sauvignon aus Stellenbosch empfehlen. Ein Hauch von Vanille, ganz dezente Tannine und wirklich samtig im Abgang." Oder: „Den Mosel-Nacktarsch kann ich nicht wirklich empfehlen, hab ich neulich die Nacht über der Kloschüssel verbracht. Waren allerdings auch mindestens zwei Flaschen." (Triumphierendes Grinsen)

AN DER KASSE

Mittlerweile ein Klassiker, aber vielleicht kennt er den noch nicht: Sie beginnen ein spielerisches Gespräch darüber, wie man eigentlich das Ding nennt, das man zwischen seinen eigenen und den Einkauf des Vordermanns legt ... Warentrenner? Produkttrennholz? Trenner? Lustig ist auch, sich einen neuen Namen dafür auszudenken.
Hier haben Sie auch genügend Zeit, mal in den Einkaufswagen zu gucken – an dessen Inhalt können Sie nämlich gleich erkennen, was für ein Typ Mann da vor Ihnen an der Kasse steht. Unsere Überblickstabelle hilft Ihnen dabei ...

IM EINKAUFSWAGEN	SO IST DER KÄUFER
Eingeschweißte Dauerwurst, Eckes Edelkirsch, Sternburg Pilsener	Säuft sehr gerne, vielleicht Alkoholiker, Ernährungszustand am Skorbut vorbeischrammend
Eier, Steaks, Proteinpulver	Eitler Fitnessfanatiker

Familienpackung Kellogg's, Kinderschokolade, zwei Zehnerkartons H-Milch, Milchschnitten, Fruchtsaftplörre	Familienvater (mit akutem Nachholbedarf in Sachen gesunder Kinderernährung)
Fruchtzwerge, Erdbeermilch, Toasties	Vater kleiner Kinder oder schwul
Ein Stapel Tiefkühlpizza, eingeschweißte Salami, Toast, Erdbeermarmelade, H-Milch, Maggi fix & frisch, Chips, Bier	Eindeutig Single und das schon etwas länger; seine Wohnung sollte man keinesfalls barfuß betreten
Milch mit 0,1 % Fett, Joghurt mit 0,1 % Fett, Südfrüchte, Vollkornbrot, grüne Äpfel, Cola light	Lebt mit manischer Diätfrau zusammen, die ihm das Leben zur Hölle macht

SO FUNKTIONIERT ES NICHT

★☆☆ **Schlimm:** „Ach, so ein Zufall, das gleiche Schuppenshampoo nehm ich auch immer!"

★★☆ **Ganz schlimm:** „Macht Ihnen dieses schreckliche Recycling-Klopapier auch immer so einen wunden Po?"

★★★ **Geht gar nicht:** „Von dem Almkäse krieg ich immer total schlimmen Mundgeruch, kennen Sie das?"

IN DER FREIZEIT
bloß nicht entspannen

Ganz egal, was Sie gerne tun, wenn Sie gerade nicht arbeiten oder vor der Glotze hängen: Mit ein paar rhetorischen Kniffs locken Sie Männer überall aus der Reserve.

IN BIBLIOTHEK UND MUSEUM

Beides Orte, die Sie gezielt aufsuchen können, um Männer kennenzulernen. Beachten Sie aber: Hier können Sie nicht wirklich damit punkten, alle „Twilight"-Bücher und „Harry Potter"-Bände auswendig zu können und einen Kunstdruck von Keith Haring in der Küche hängen zu haben. Sie müssen sich schon ein bisschen vorbereiten. Besuchen Sie also die Botticelli-Ausstellung, sollten Sie zumindest wissen, dass es sich nicht um eine italienische Gebäcksorte handelt.

Benutzen Sie dabei Ihren gesunden Menschenverstand: Falls er in der Bibliothek gerade in einer Proust-Ausgabe blättert, ergibt es wenig Sinn, ihm zu erzählen, wie begeistert Sie vom neuen Buch von Ildikó von Kürthy sind, weil die ja immer genau weiß, wie wir Frauen ticken. Sollten Sie nicht der Typ sein, der sich gern mit amerikanischer Gegenwartsliteratur oder dem neuen Houellebecq-Roman beschäftigt, fragen Sie einfach ganz direkt, etwa so: „Und was lesen Sie zurzeit, vielleicht können Sie mich inspirieren?"

Im Museum wiederum bietet es sich an, vor einem Bild, das Sie beide staunend und still betrachten, ins Gespräch zu kommen (Vielleicht eine Spur kundiger als „Hat der Engel wirklich eine Schöpfkelle in der Hand, oder was soll das Ihrer nach Meinung sein?").

SPRÜCHE FÜRS MUSEUM

★★☆ **Nicht so gut:** „Also, das bisschen Gekleckse würden wir wahrscheinlich auch hinkriegen, was?" (Vor einem Jackson-Pollock-Gemälde)

★★☆ **Nicht viel besser:** „Van Gogh hat sich ja ein Ohr abgeschnitten, wussten Sie das?"

★☆☆ **Schon eher in die richtige Richtung:** „Das hier ist ja tatsächlich die einzige öffentlich ausgestellte Skulptur aus Beuys' früher Phase – irre, oder?"

IM KINO

Es gibt tatsächlich gar nicht so wenige Leute, die alleine ins Kino gehen. Viele finden das befremdlich, sollten sie aber nicht, denn im Idealfall wird dort ja ohnehin nicht miteinander geredet. Warum also nicht alleine den nächsten Kinofilm ansehen? Suchen Sie gezielt nach Männern, die ebenfalls ohne Begleitung da sind. Sprechen Sie nicht aus Versehen jemanden an, bei dem sich Sekunden später eine heiße Blondine mit Pärchen-Popcorneimer einhakt.

Kennen Sie Ihr Metier, wenn Sie jemanden ansprechen: „Ich bin echt gespannt, ob Haneke mit diesem Film seiner Linie treu bleibt" ist besser als „Bei ‚Das weiße Band' bin ich ja eingeschlafen". Gehen Sie im Kino immer davon aus, es mit Cineasten zu tun zu haben, die jegliche Ignoranz und mangelnde Kenntnis mit Verachtung strafen. Sollten Sie planen, ähnliche Filme wie „Kokowääh" oder „Batman 4" anzuschauen, vergessen Sie den letzten Hinweis einfach.

IM CAFÉ

Bringen Sie ein Buch oder eine Zeitung mit, setzen Sie sich in Ihr Lieblingscafé und lassen alles auf sich zukommen. Sitzt ein interessanter Mann allein, fragen Sie, ob Sie sich dazusetzen dürfen. Aber um Gottes willen bitte immer in der zweigeteilten Fragevariante: „Darf ich mich zu Ihnen setzen, oder erwarten Sie noch jemanden?" – so vermeiden Sie eine Abfuhr. Nur wenn die Antwort lautet „weder noch" sollten Sie einen würdevollen Rückzug versuchen und dürfen gekränkt und stinksauer sein.

Für den glücklichen Fall, dass Sie sich setzen dürfen, warten Sie noch einige Minuten, bevor Sie ihn unauffällig in ein Gespräch verwickeln. Eine gute Orientierung bietet sein Lesestoff, falls er welchen hat. Überraschen Sie ihn positiv. Liest er beispielsweise gerade den Sportteil, könnten Sie mit einem kritischen Diskurs zur Spielqualität der laufenden Champions-League-Saison aufwarten. Um solchen Eindruck schinden zu können, ist natürlich harte Vorarbeit nötig. Sollten Sie darauf keine Lust haben, können Sie alternativ auch auf ein paar billige Mädchentricks zurückgreifen.

TRICKS

Tun Sie Folgendes möglichst beiläufig – es soll nicht aufgesetzt wirken:

> Milchschaum auf der Oberlippe verteilen, das finden Männer angeblich niedlich. Fragen Sie sich vorher jedoch kritisch, ob Sie für die naive Bambinummer physisch geeignet sind oder die Aktion eher so rüberkommen könnte wie die berühmte Nudelszene bei Loriot („Sie haben da was ...").

> Bestellen Sie sich ein Stück Kuchen und schaffen Sie es nicht allein. Nach ein paar Bissen seufzen Sie „Hmmm, ist das lecker, aber für mich wirklich zu viel, vielleicht mögen Sie ...?" Hier nutzen Sie gezielt aus, dass Männer eigentlich immer Hunger haben und es aus ihren Beziehungen gewohnt sind, die Teller von Frauen leer zu essen, bevor was im Abfall landet. („Magst du nicht mehr? Dann mach ich alle!")

IM FITNESSSTUDIO

Voraussetzung: Sie kündigen umgehend Ihr Frauen-Fitnessstudio und melden sich in einem gemischten an. Kleinere Nachteile – etwa der penetrante Geruch nach Pumakäfig und das ständige Gestarre mittelalter Lustmolche auf sämtliche in der Sauna anwesende weibliche Geschlechtsteile, also auch Ihre – müssen Sie künftig in Kauf nehmen. Aber trösten Sie sich: Viel schlimmer als die Kohorten magersüchtiger Pferdeschwanzfrauen, die in Ihrem Frauen-Fitnessstudio vor dem „Bauch, Beine, Po"-Training oder Kursen wie „Body Battle" noch zwei Stunden aufs Laufband gehen, um mittels Schwitzen endlich nur noch 39 Kilo zu wiegen, ist es auch nicht.

Die Grundregeln

Sie tragen eine Jogginghose, ein ausgewaschenes T-Shirt und Turnschuhe, in denen Ihre Füße so riesig aussehen wie die des Hasen, der bei Janosch als Briefträger arbeitet? So räumen Sie sicherlich keinen „Sexiest Woman on Earth"-Preis ab. Und vergessen Sie nicht, wie sich Ihr sportliches Engagement im Fitnessstudio für gewöhnlich äußert: Sie sind rot im Gesicht, keuchen, stöhnen schmerzverzerrt. Ihre Frisur hängt Ihnen in Form von fettigen Strähnen ins Gesicht, und unter Ihren Achseln haben sich tellergroße feuchte Flecken gebildet.

Soll heißen: Vielleicht bandeln Sie lieber nach dem Sport an, wenn Sie geduscht und wieder im Vollbesitz einer Frisur sind. Passen Sie Ihn ab und laden ihn auf einen Mango-Shake an der Tuttifrutti-Bar ein. Alternativ können Sie auch nur so tun, als wären Sie zum Sport da: In Wirklichkeit tragen Sie ein hautenges Aerobic-Kostüm (falls Sie einen BMI unter 21 haben), welches einem Ganzkörperkorsett gleicht und in dem auch nur das Anwinkeln eines Armes eigentlich unmöglich ist. Und lungern um die Geräte herum, die Männer gerne ihre „Folterkammer" nennen. Tun Sie so, als wollten Sie in Ihrem Aerobic-Fummel tatsächlich an die Geräte, und lassen sich von ihm ein paar Übungen zeigen.

Laden Sie ihn auf einen Mango-Shake ein

DON'TS

Im Kosmos Fitnessstudio gilt es, einige Fettnäpfchen galant zu umschiffen:

> Flirten in der Sauna. Lockt unnötigerweise bloß Exhibitionisten aus der Reserve.

> Den Fitnesstrainer angraben. Fitnesstrainer sind per se krankhaft körperfixiert und werden Ihnen deshalb nur frustrierende Erlebnisse bescheren. Landen Sie mit einem im Bett, so wird er sich hinterher entweder nach Ihrem aktuellen Körperfettanteil erkundigen, darum bitten, für das nächste Mal einen Spiegel an der Decke anzubringen oder vorschlagen, im Studio bald „mal wieder an der Körperspannung" zu arbeiten. Beim Sex macht er Liegestütze über Ihnen, weil er auch den Koitus trainingstechnisch optimal ausnutzen will.

> Männer anbaggern, die bei Kursen wie „Bauch, Beine, Po" oder „Problemzonengymnastik" mitmachen.

TRAUMMANN TREFFEN BEIM AUSGEHEN

TAG 5 BIS 8

IN DER BAR

baggern und trinken

Die Bar als Jagdrevier ist natürlich ein großer Klassiker. In einer Bar zu baggern ist ja fast schon ein Klischee. Sie können also alle Schamgrenzen fallen lassen, was beispielsweise im Wartezimmer beim Arzt doch schwerer fällt. Niemand wird überrascht sein. An keinem anderen Ort können Sie Ihr geistiges Niveau so herrlich einfach Ihrem Verzweiflungsgrad anpassen: nämlich durch die Zufuhr der entsprechenden Menge an hochprozentigem Alkohol.

Faustregel: *Je dringender Sie jemanden kennenlernen wollen, desto mehr trinken Sie. Trinken Sie allerdings nur so viel, dass Sie gegebenenfalls in der Lage sind, Ihren Barhocker mit den Füßen zu verlassen.*

Bar ist jedoch nicht gleich Bar. Deshalb machen wir Sie hier gleich zu Beginn der Lektion mit den drei Grundformen bekannt.

DIE „RICHTIGE“ BAR

Hier sind solche Lokalitäten einzuordnen, die wahrscheinlich Ihrem weich gezeichneten Idealbild einer Bar entsprechen: Orte wie „Rick's Café“ in „Casablanca“, wo gedämpfte, geschmackvolle Musik läuft – Jazz oder Soul vielleicht – oder jemand Piano spielt. Schöne Menschen sich im Smoking und atemberaubenden Abendkleidern um eine vertäfelte und aus amerikanischem Walnussholz gefertigte Theke gruppieren oder in Loungesesseln sitzen.

Wen Sie hier treffen, der hat schon mal Stil bewiesen und Lust auf gut gemixte Drinks – keine schlechten Voraussetzungen. Sie dürfen hier ruhig offensiv sein. Sie müssen jetzt nur noch das Glück haben, dass der Mann an der Bar, auf den Sie es abgesehen, auch alleine bleibt und nicht wahlweise von einem Ingrid-Bergman-Double oder einer Runde testosterongesteuerter Bürohengste, die sich wie auf Klassenfahrt aufführen, umringt wird.

Bei ihm dürfen Sie ruhig offensiv sein

In der „richtigen" Bar ist die Chance recht groß, auf einen Barkeeper zu stoßen, der sich auch wirklich wie einer benimmt: Also kein schluffiger Student, der eine alberne Schürze mit dem Logo einer Zigarettenfirma trägt und Ihnen den Rioja im Saftglas serviert. Nein, ein richtigen Barkeeper, der zu Ihrem Verbündeten werden kann. Einer, der nicht mit der Wimper zuckt, wenn Sie ihn bitten, dem Mann am anderen Ende der Theke in Ihrem Auftrag einen Gin Tonic zu servieren. Hoffentlich zumindest. Hüten Sie sich also davor, an einen Anfänger zu geraten, der zwar wie ein Pinguin aussieht, aber noch nervöser ist als Sie und sich nach Auslieferung des Gin Tonics alle zehn Minuten zu Ihnen beugt, verschwörerisch grinst und auffällig in die Richtung Ihres Zielobjekts glotzend „Und? Und?" keucht.

Wollen Sie sich der Einfachheit halber an den Mann direkt neben Ihnen ranmachen, sollten Sie noch dringender vorher unauffällig überprüft haben, ob er allein da ist. Das merken Sie aber vielleicht auch an seiner Bestellung, wenn Sie clever sind. „Acht Bier, drei Herrengedecke" oder „ein Bier, einmal Sekt auf Eis" heißt etwa: Ihr Auserwählter bekommt mit an

Sicherheit grenzender Wahrscheinlichkeit gleich Gesellschaft. Außer er kann Gedanken lesen und der Sekt auf Eis ist für Sie. Bestellt er nur einen Drink, könnten Sie zum Beispiel etwas Kluges zum Inhalt sagen. So was ist immer besser als die offensichtliche Tour: „Kommen Sie öfter hierher?" Schöner wäre ein kennerhafter Kommentar zum Single Malt.

SONDERFALL: HOTELBAR

Hier können Sie vollen Komfort genießen: Sie brauchen nicht mal mehr das Haus zu verlassen, um Sex zu haben – falls das die logische Konsequenz Ihres Anbandelns sein sollte. Überlegen Sie allerdings schon bevor Sie lasziv mit Ihrem Zimmerschlüssel an seiner Wange entlangstreichen, ob Sie Ihren poverkleinernden Miederschlüpfer nicht gerade tragen und ob sich auf dem Bord unter dem Badezimmerspiegel ein kleines Gefäß befindet, in dem Ihre Zahnspange in einer trüben Flüssigkeit schwimmt. In diesen Fällen bitten Sie ihn, ein paar Minuten an der Bar zu warten, während Sie sich beziehungsweise das Zimmer frisch machen.

Trick

DIE HAPPY-HOUR-COCKTAILBAR

Diese Relikte aus den 90er-Jahren heißen „Coconut Lounge" oder „ScheinBar" und bewerben aggressiv ihre Happy Hour von 19 bis 21 Uhr – wenn's gar nicht mehr läuft, auch rund um die Uhr. Manchmal liegt sogar Sand auf dem Boden. Wer hierherkommt, möchte sich möglichst billig betrinken, gern mit Getränken, die durch unerhörte Sahne- und Zuckerbeimengung möglichst wenig nach Alkohol schmecken. Männer, die Sie hier sehen, sind meistens in großen Gruppen unterwegs und feixen jedes Mal, sobald einer „Sex on the Beach“, „Sexual Colada“ oder „Orgasmus“ bestellt.

Am besten gönnen Sie sich erst mal einen doppelten, sprich einen 0,5-Liter-Humpen Piña Colada. Danach ist das alles schon viel erträglicher. Dann ordern Sie wieder zwei Humpen, fassen sich ein Herz und den zweiten Humpen, steuern Ihr Zielobjekt an und sagen: „Ich hab hier einen Cocktail übrig, möchtest du ihn vielleicht?“ Seien Sie versichert, Sie befinden sich an einem Ort, wo Sie für diese Frage kein „Nein“ ernten würden – selbst wenn Sie aussähen wie die ältere und übergewichtige Schwester von Margaret Thatcher.

Von ihm werden Sie kein „Nein“ ernten

DIE SPELUNKE

Ihr Vorteil hier ist der eindeutige Männerüberschuss. Denn die meisten Frauen haben keine Lust, sich im Vorbeigehen ständig auf den Hintern schlagen zu lassen, in einer Wolke aus Zigarettenrauch zu ersticken und dazu Hardrock hören zu müssen. Problematisch könnte es werden, weil Sie – außer zum Auf-den-Hintern-Klatschen – sonst niemand wahrnimmt: Sämtliche Männer haben sich an den Billard-, Kickertischen oder Dartscheiben versammelt.

Insofern müssen Sie Ihre Hausaufgaben gemacht haben: Spielen Sie mit, ohne sich blöd anzustellen. Frauen, die beim Kicker nicht ständig die Männchen hysterisch um ihre eigene Achse wirbeln, beim Dart nicht ungünstig stehenden Menschen ein Auge ausschießen und beim Billard nicht hilflos in der Luft herumstochern, haben gute Chancen. Und trinken Sie natürlich ausschließlich Bier aus der Flasche.

REGELN

Hier noch mal die wichtigsten Punkte zusammengefasst:

- Je verzweifelter Sie sind, desto schneller und stärker sollten Sie sich betrinken.
- Wenn Sie einen Barhocker erklimmen, sehen Sie dabei nicht aus wie ein brünftiger Bock, der eine Geiß besteigt. Und bedenken Sie: Sie sollten mit den Füßen voran wieder herunterkommen.
- Den Barkeeper nur einschalten, falls absolute Professionalität zu erwarten ist.

PRAKTISCHE ÜBUNGEN: BLICKKONTAKT HERSTELLEN UND LÄCHELN

Beim Blickkontaktaufnehmen sollten Sie nicht so starren, als ob Sie jemanden zu hypnotisieren hätten. Beginnen Ihre Augen zu tränen, haben Sie womöglich etwas falsch gemacht. Auch wenn Ihr Zielobjekt nervös wird, sich ständig umdreht und anfängt, an den Fingernägeln zu kauen, ist wohl was schiefgelaufen. Sollte er nun flüchten, haben Sie Pech gehabt. Falls er aufsteht, zu Ihnen kommt und fragt, ob etwas nicht in Ordnung ist, haben Sie ihm Angst gemacht. Aber immerhin: Sie sind im Gespräch! Vielleicht machen Sie das sogar zu Ihrer Standardtaktik: Starren Sie einfach so lange, bis er nicht mehr ein noch aus weiß und zu schwitzen beginnt.

Das Lächeln ist ziemlich schwierig zu vermitteln, es wäre allerdings von Vorteil, nicht so verkrampft auszusehen wie neulich beim Fotografen, der zum x-ten Mal versuchte, ein biometrisches Foto von Ihnen zu schießen, auf dem Sie nicht aussehen wie eine Topterroristin oder ein Teenager, der mindestens

zwei Joints zu viel hatte. Ein Modeltrick ist ja angeblich, die Lippen auf keinen Fall fest aufeinanderzupressen, sondern ganz locker aufeinanderzulegen, sodass noch ein Geldstück dazwischenpassen könnte (das hat zumindest Gisele Bündchen mal gesagt).
Also: Spielen Sie nicht den Breitmaulfrosch und seien Sie gleichzeitig nicht zu zurückhaltend. Womöglich denken Sie, Sie würden lächeln, alle anderen glauben eher, Ihr Schlüpfer sei Ihnen in die Poritze gerutscht.

Wenn er – trotz Ihres starren Dauergrinsens – nicht zu Ihnen kommt, aber auch nicht flüchtet, lassen Sie ihm vom Barmann ein Getränk bringen. Spätestens dann ist er völlig verstört und Sie können zum direkten Angriff übergehen.

Zusatzmodul für Fortgeschrittene
Während Sie zu ihm herüberlächeln, lassen Sie die Cocktailkirsche, die Sie Ihrem Daiquiri entnommen haben, lasziv im Mund kreisen. Sehen Sie dabei aber nicht so aus, als hätten Sie eine zu große Handvoll Popcorn erwischt. Und passen Sie auf, dass Sie sich nicht verschlucken.

DAS KLEINE GETRÄNKE-ABC: WAS DER DRINK IHNEN ÜBER DEN MANN VERRÄT

Apfelschorle

Spaßbefreit. Oder er macht vielleicht gerade seine jährlichen Alkoholentzugswochen. Das wiederum kommt Ihnen sicher bekannt vor und macht ihn irgendwie sympathisch – solange seine Nase nicht aussieht wie ein violetter Schwamm.

Bionade Ingwer-Orange

Langweilig! Möchte seinem Körper nicht so viele Gifte zumuten. Oder hat morgen „voll den wichtigen Termin" im Büro.

Caipirinha

Er kommt vom Land und sich unglaublich angesagt vor, trägt wahrscheinlich Karohemd und Schnürschuhe mit sehr dicker Sohle und mag DJ BoBo immer noch. Glaubt auch immer noch, Caipirinha wäre ein verrücktes Getränk.

Herrengedeck

Dieser Herr ist der Meinung, dass Haushalt immer noch Frauensache ist. Wenn Sie nicht aufpassen, haben Sie ziemlich bald eine Hand unterm Rock.

Negroni

Ein Mann, der was versteht vom Trinken. Wahrscheinlich trägt er einen extrem gut geschnittenen Anzug und hat einen lukrativen, kreativen Job, zu dem es immer mal wieder gehört, sich stilvoll in geschmackvollen Bars zu betrinken.

Scotch, drei doppelte innerhalb von fünf Minuten

Da ist im Job oder privat irgendwas richtig blöd gelaufen.

Weißwein

Eher der metrosexuelle Typ. Fährt vielleicht einen Renault Twingo und macht gern Pilates.

Wodka, sehr viel

Der Mann weiß, wie man sich richtig die Birne zuknallen kann und trotzdem keine Fahne hat. Verdächtig.

WELCHEN EINDRUCK SIE MACHEN MIT ...

Sekt auf Eis	Tussi, Sex-and-the-City-Junkie, macht irgendwas mit PR
Cola light	Spaßbefreit, immer auf Diät, Genussmensch-Antipode
Tee	Esoterik-Tussi
Rotwein	Sinnlich, vielleicht mal cholerisch, schwermütig
Bier	Eher der Kumpeltyp, mag keine Dessous, trägt gern Männerhemden

SICH ERFOLGREICH *verkuppeln lassen*

Wie viele Paare kennen Sie, die dank einer Verkupplungsaktion zusammengefunden haben? Wahrscheinlich mindestens minus zehn. Höchstens keines. Schuld daran sind in der Regel immer diejenigen, von denen die Idee stammt. Obwohl die Idee ja prinzipiell gar nicht so blöd ist. Die meisten Freunde – und dazu werden leider auch Ihre gehören – sind in ihrem Übereifer aber zu blöd, sie geschickt und mit einer gewissen Feinfühligkeit auszuführen.

Das Wichtigste für eine erfolgreiche Verkupplung sind eine sorgfältige Vorbereitung und die totale Kontrolle. Sie sollten bei einem Treffen in größerer Runde auf keinen Fall beglotzt werden wie ein siamesisches Tapir-Zwillingspaar im Zoo. Um das auszuschließen, böte sich natürlich eine Verabredung zu zweit an. Dann müssen Sie sich jedoch fragen, ob Sie mit dieser sehr offensichtlichen Herangehensweise souverän umgehen können. Wenn Sie kein Problem damit haben, einen fremden Mann anzurufen und total beiläufig zu erwähnen, dass „Maria meinte, wir sollten uns unbedingt mal kennenlernen", dabei nicht hysterisch kichern und klingen wie eine nervöse Fünftklässlerin beim Vorsingen – nur zu.

BEDENKEN ÜBER BORD WERFEN

Viele finden Beziehungen, die aus Verkupplungen entstehen, minderwertig, mindestens aber so schlimm, als hätten zwei anatolische Großpatriarchen ihre Kinder im Alter von fünf Jahren per Handschlag einander versprochen – allerdings sollten Sie nicht so hart urteilen: Mit ziemlich hoher Wahrscheinlichkeit kennen und empfehlen Leute, die Sie mögen, nicht nur die allergrößten Volltrottel. Denn deren Geschmack kann gar nicht sooo schlecht sein, schließlich gehören Sie selbst auch zu diesem illustren Freundeskreis.

Lassen Sie sich mit ihm verkuppeln

Das Verkupplungsvorhaben sollte aber nicht nur der Sensationsgier von Freunden entspringen, die bei Autounfällen gerne mal stehen bleiben und glotzen, kranken Spaß an skurrilen Experimenten haben und einfach mal schauen wollen, ob der Chemiekasten in die Luft fliegt oder nicht. Gute Freunden sollten beim Kuppeln eine gewissen Eleganz beweisen und kritisch abwägen, ob der autistisch wirkende Kollege, der jeden Mittag vier gekochte Eier isst, die er in einer Tupperdose mit Smiley-Gesicht transportiert und von dem man eigentlich nur weiß, dass er in seiner Freizeit am liebsten zu mittelalterlichen Rollenspielen nach Niederbayern fährt, wirklich zu Ihnen passt.

Trick

WENN SIE ÜBER DIE GEPLANTE VERKUPPLUNGSAKTION INFORMIERT SIND

Eine Verkupplungsaktion läuft leider selten absolut diskret ab – die wenigsten Kuppler sind so diszipliniert, einfach die Klappe zu halten und dafür zu sorgen, dass die zu Verkuppelnden scheinbar zufällig auf derselben Party auftauchen. Kuppler können es sich meistens nicht verkneifen, mindestens beiläufig ein paar Bemerkungen zu machen („Hab ich dir eigentlich schon von Olaf erzählt ...?“). So schlimm ist das auch wieder nicht: Umso besser können Sie die Aktion mitgestalten. Arbeiten Sie vorher heraus, ob eine Verkupplung aus Ihrer Sicht Sinn ergibt und zu welchen Zugeständnissen Sie bereit sind (siehe Übersetzungshilfe). Seien Sie aber nicht zu streng und probieren lieber mal etwas aus. Das Weite suchen können Sie später immer noch.

Achten Sie diktatorisch auf das, was nach draußen, also zum anvisierten Mann, dringt, definieren Sie eine Sprachregelung, überlassen Sie nichts dem Zufall. Sie sollten bestimmen, wie von Ihnen geschwärmt wird. Das Allerwichtigste dabei: Sie sollten auf gar keinen Fall wie der verzweifelte Single rüberkommen, der Sie möglicherweise sind.

IHRE FREUNDIN PREIST SIE AN

Schlecht: „Ich kann echt verstehen, dass sie mittlerweile ein bisschen verzweifelt ist."

Nicht optimal: „Sie ist auch schon sehr lange Single, dabei ist sie so eine tolle Frau, ich weiß überhaupt nicht, warum es nie klappt."

Schon besser: „Echt eine tolle Frau. Krass, wie die den Männern den Kopf verdreht."

Gut: „Ich glaube, dass sie manchmal ganz einfach vergisst, sich auch mal zu verlieben und ein bisschen fallen zu lassen – bei DEM Leben, das sie führt ..."

ART DES DATES

Zwanglosigkeit ist oberstes Gebot. Wenn es besonders unauffällig sein soll, bietet ein Abendessen mit gemeinsamen Freunden einen guten Rahmen. Idealerweise sind Sie beide dann aber nicht die einzigen Singles, die sich um einen Tisch von selbstzufriedenen, satten Paaren gruppieren müssen und beäugt werden wie zwei plastinierte Körper von Gunther von Hagens und demütigende Kennenlernspiele über sich ergehen lassen müssen.

Denkbar ist auch ein Treffen in Bar, Kneipe oder Restaurant mit einer größeren Gruppe, wobei die anderen nicht jedes Wort zwischen Ihnen mitverfolgen können sollten. Am besten ist natürlich eine zwanglose Party. Sorgen Sie in jedem Fall dafür, dass sich Ihre übereifrige Freundin nicht ständig mit

Anekdoten wie „Also, damals, wir beide auf Ibiza, als du in die Kapuze von Fred gekotzt und später die Notaufnahme vollgereihert hast …“ dazwischendrängt.

WENN SIE NICHTS VON DER VERKUPPLUNGS-AKTION GEAHNT HABEN

Lassen Sie sich auf gar keinen Fall etwas anmerken, bleiben Sie cool. Wird Ihnen also auf einer Party ein Mann mit den Worten vorgestellt „Das ist Jan, ich finde, ihr beide solltet euch unbedingt mal kennenlernen“ und Ihre Freundin – oder der Kumpel von Jan – verschwindet mit einem verschwörerischen Grinsen, dann spielen Sie mit! Schütteln Sie auf gar keinen Fall den Kopf, verdrehen die Augen und antworten: „Also was das schon wieder für eine blödsinnige Aktion sein soll …“ Nein, freuen Sie sich lieber. Ihnen wurde gerade ein Mann auf dem Silbertablett serviert, ohne dass Sie sich erst mittels vier Aperol Spritz den nötigen Mut antrinken mussten, um jemanden anzusprechen.

Machen Sie einen Witz über die Situation, fragen Sie um Gottes willen nicht sofort, was Jan beruflich so macht, sondern lassen eine launige Bemerkung über das Partypublikum fallen (siehe „Exkurs: Goldene Regeln für den Small Talk“ in der Lektion 5). Und falls Ihr Freundeskreis hinter der Aktion steckt: Geben Sie deutliche Zeichen, dass Sie NICHT wünschen, alle zehn Minuten, wenn Jan gerade auf dem Klo ist oder Drinks holt, von einer wieselartig herbeigehuschten Freundin mit „Und? Hab ich’s dir nicht gesagt? Der ist doch echt süß oder?“ belästigt zu werden.

ÜBERSETZUNGSHILFE

IHRE FREUNDIN SAGT	DIE WAHRHEIT
„Der Thorsten ist wirklich ganz ein Lieber. Der hat einfach kaum mal Gelegenheit, Frauen kennenzulernen.“	Der Thorsten ist wirklich ganz ein Lieber. Und genauso spannend wie die Spieleabende mit seiner Maschinenbaustudentenclique.
„Der Max lebt halt für seinen Job.“	Max werden Sie unter der Woche erst nach 21 Uhr und am Wochenende selten zu Gesicht bekommen.
„Der Bernd hatte echt Probleme, sich nach der Scheidung wieder aufzurappeln. Kein Wunder, die Exfrau presst ihn aus wie eine Saftorange. Aber ich glaub, der ist wieder offen für was Neues.“	Bernd ist verbittert und sehr, sehr misstrauisch. Es wird an Ihnen liegen, ihn zu überzeugen, dass Sie sich nicht umgehend mehrere Kinder machen lassen wollen, für die er dann bald genau so viele Alimente zahlen muss wie für die zwei Blagen seiner Exfrau.
„Beim Klaus dauert's halt ein bisschen – bis er warm wird.“	Klaus ist bindungsunfähig und schlimmstenfalls paranoid.

„Der Fabian, der hat so eine extreme Präsenz. Wenn der einen Raum betritt, also das ist so der Typ, dem die Kellner in größerer Runde automatisch die Rechnung hinlegen."

Fabian ist möglicherweise ein bisschen größenwahnsinnig. Aber wählen Sie ruhig teure Restaurants aus, wenn Sie sich mit ihm treffen. Die Rechnung wird nicht Ihr Problem sein.

„Der Georg, das ist so ein Typ, der lässt sich nichts bieten. Neulich in der Kantine, als Georgs Gulasch nur lauwarm serviert wurde ..."

Georg ist Choleriker. Vielleicht auch einer von denen, die sich im Restaurant beschweren, wenn die Garnelendichte in der Pasta zu niedrig ausfällt.

EXKURS:
Bei ihm zu Hause

Passieren kann das immer: Sie werden von ihm nach Hause eingeladen. Vielleicht, nachdem Sie sich bei einem Verkupplungsversuch zum ersten Mal unter Beobachtung in der Öffentlichkeit getroffen hatten. Oder auf einen Kaffee nach dem Supermarkteinkauf. Oder zum gemeinsamen Kochen. Oder, klar, weil er Ihnen seine Briefmarkensammlung zeigen will.

Lädt er Sie zu sich ein, müssen Sie an diesem Abend nicht zwangsläufig Sex haben. Vielleicht will er wirklich nur seine fantastischen Arrabbiata für Sie kochen und reagiert geschockt, wenn Sie im Kaninchenfellmantel nur mit roter Unterwäsche drunter in der Tür stehen. Überstürzen Sie nichts, sondern nutzen Sie die Einladung vielmehr, um sich ein genaues Bild zu machen. Denn noch viel mehr als seine Supermarkteinkäufe verrät seine Inneneinrichtung über sein Seelenleben.

Seien Sie skeptisch, sobald Sie ein oder gar mehrere der folgende Einrichtungsgegenstände oder Accessoires bei ihm entdecken:

- ★ *Lavalampe in Form eines riesigen Gummibärchens*
- ★ *Schwarz furnierte Vitrinenmöbel*
- ★ *Das Poster mit den Handwerkern, die über der Skyline von New York Mittagspause machen – oder der aktuelle Pirelli-Kalender*
- ★ *Irgendwas mit Diddlmäusen*
- ★ *Ferrari-Bettwäsche*

Sein Sinn für Ästhetik scheint in diesem Fall so ausgeprägt zu sein wie die Hinterläufe eines Blauwals. (Hinweis: Wenn Sie selbst irgendwas mit der Diddlmaus drauf besitzen, schämen Sie sich und ignorieren die eben gelesene Liste.)

VORSICHT

Beobachtungen, die Ihnen zu denken geben sollten:

- > Er wohnt noch bei seiner Mutter.
- > Eingerahmte Fotos seiner Exfreundin.
- > Ein „Dirty Dancing"-Poster im Flur.
- > Bettwäsche mit Ferrari- oder Bundesligalogo.
- > Ein Set Handschellen an der Heizung.

IN DER DISCO
gründlich aussortieren

Das Thema wird hier eher stiefmütterlich behandelt. Weil ... – jetzt mal ernsthaft: Wer glaubt daran, in der Disco den Traummann zu finden? Wenn Sie schnellen, schmutzigen Sex wollen und es als große Erleichterung empfinden, dazu lediglich auf die urinverschmierte Männertoilette zu müssen, beziehungsweise er sich am nächsten Morgen nicht mehr erinnern kann, wie Sie heißen, dann nur zu. Verbindliches kommt selten zustande.

Grundsätzlich ist es in Diskotheken und Clubs sehr, sehr laut. Man kann sich also nur durch extremes Brüllen verständigen. Verstehen tut man natürlich trotzdem nichts. Also nickt man einfach zustimmend, egal, was da gerade gebrüllt wurde, und nimmt schreckliche Missverständnisse in Kauf. „Soll ich uns endlich mal etwas Koks besorgen?" hatten Sie so wirklich nicht verstanden. Falls Sie Ihr Baggerglück trotzdem hier versuchen wollen, sollten Sie zumindest wissen, worauf Sie sich einlassen und wen Sie hier treffen werden.

DER LÄSTIGE

Das ist schon seltsam. In vielen Männerhirnen scheint eine Verknüpfung angelegt zu sein, die signalisiert: Frauen, die ausgelassen und womöglich ein bisschen sexy tanzen, sind Freiwild und dürfen begrapscht, blöd angemacht und belästigt werden. Einen auch nur halbwegs schwingenden Frauenhintern begreifen diese Männer als Aufforderung, sich plump von hinten an die Frau heranzuschmiegen und lambadaähnliche Bewegungen auszuführen.

DER RUMSTEHER

Ist viel zu cool zum Tanzen – oder viel zu verklemmt. Hält sich an seiner Bierflasche fest und gibt den stillen Beobachter. Kann sich nicht entscheiden, ob er wild tanzende Frauen nun geil findet oder für Flittchen hält.

DAS DROGENOPFER

Ganz sicher ist es nicht nur der Gin Tonic, der ihn dermaßen in Ekstase versetzt. Er macht zuckende Bewegungen mit den Armen, verrenkt seinen Kopf roboterartig, und sein liebster Tanzmove ist „Glühbirne einschrauben“. Immerhin lässt er die Frauen auf der Tanzfläche in Ruhe. Mit ihm ins Gespräch zu kommen ist allerdings zum Scheitern verurteilt. Mehr als durch glasige Augen zu starren, selig-debil zu lächeln und „Du, das ist echt wunderschön hier alles ...“ zu stammeln bringt er nicht zustande.

STRATEGIEN FÜR UNTERWEGS

TAG 9 BIS 12

Eigentlich ist das Kapitel fast ein Selbstläufer: Unterwegs ist die Chance nämlich erheblich höher als im faden Alltagstrott, ins Gespräch zu kommen. Selbst soziophobe Scheuklappenträger tauen auf Reisen ein bisschen auf. Die Kunst besteht darin, die Männer herauszufiltern, die sich nicht wieder in einen öden Büro-Nerd verwandeln, sobald sie eine Fußspitze auf die ockerfarbene Büro-Auslegeware gesetzt haben.

IM ZUG ans Ziel kommen

Wichtig ist hier eines: Achten Sie trotz der eben eingetrichterten Siegessicherheit darauf, nicht zur Nervensäge zu werden. Verschanzt sich Ihr Zielobjekt etwa hinter einer Zeitung oder Urlaubslektüre und reagiert auf Ihre Nettigkeiten, indem er sich diese schützend zentimeternah vors Gesicht hält oder aber Kopfhörer einsteckt und stur auf sein aufgeklapptes Laptop starrt, sollten Sie vielleicht von ihm ablassen.

Gar nicht so schlecht sind Fragen nach dem Offensichtlichen, die das Tor zu einer sinnvolleren Konversation öffnen – zum Beispiel am Bahnsteig:

„Ist das der Zug nach Kassel?“
„Warten Sie auch auf den Zug nach Kassel?“
„Was zum Teufel wollen Sie eigentlich in Kassel?“

Ein weiterer Klassiker: Bitten Sie um Hilfe. Sie zartes Püppchen sind natürlich unmöglich in der Lage, Ihren Koffer in die

Gepäckablage zu befördern. Im Idealfall haben Sie tatsächlich einen Koffer dabei, der größer ist als eine Damenhandtasche oder zumindest etwas mehr wiegt.
Verzichten Sie ab sofort auf Reservierungen, um so flexibel zu sein und ihm überallhin folgen zu können. Wenn Sie Glück haben, ist neben ihm noch frei. Wenn Sie Pech haben, sitzen Sie die sechs Stunden von Berlin nach München zusammengepfercht zwischen einer stark nach Schweiß und Haschisch riechenden Schulklasse auf dem Gang.

Haben Sie es aber geschafft, neben oder gegenüber jemandem zu sitzen, der Sie interessiert, gibt es viele Möglichkeiten. Beginnen Sie beispielsweise mit Ihrer Lektüre und lachen Sie immer wieder herzlich auf. Übertreiben Sie es nicht, auf peitschenknallartiges Schenkelklopfen etwa sollten Sie verzichten. Irgendwann wird er Sie fragen, was denn so lustig sei. Geschickt wäre es, wenn Sie ihm jetzt erzählen können, dass der neue „Katz & Goldt"-Comic wirklich amüsant sei, anstatt einen Witz von der Humorseite der „Bild" vorzulesen.

Lachen Sie Ihr Gegenüber herzlich an

Viele Gelegenheiten schafft die Bahn selbst – kaum ein Thema wird so gern diskutiert wie die Verspätungen der Züge. Falls Ihr ICE also anderthalb Stunden regungslos auf dem Gleis steht, weil „sich undefinierbare Personen auf dem Gleisbett" befinden, brechen Sie ein Gespräch vom Zaun. Berichten Sie unbedingt von dieser schrecklichen Zugfahrt an Weihnachten, als Sie drei Stunden lang zwischen Paderborn und Braunschweig feststeckten. Klingt jetzt erst mal nicht so sexy, aber die Chancen stehen ziemlich gut, dass er drauf anspringt.

Und denken Sie daran, sich äußerlich so appetitlich wie möglich zu präsentieren. Dazu gehört auch, sich genauestens zu überlegen, welche Speisen Sie mit in den Zug nehmen beziehungsweise welche Sie während der Fahrt keinesfalls konsumieren sollten:

★ *Hart gekochte Eier*
★ *Salami- oder Weichkäsebrote (insbesondere mit Rotschmiere oder Blauschimmel)*
★ *Apfel-, Möhren- und Gurkenschnitze aus der Tupperdose (Sie sind keine fünf mehr und auch noch nicht über 70)*

Besser sind Lebensmittel, von denen jeder etwas abhaben will, sich aber nicht zu fragen traut. Holen Sie beispielsweise eine Zehnerpackung Ihrer Lieblings-Schokoriegel hervor und fragen Sie ihn, ob er auch einen möchte. Stellen Sie sicher, dass eventuell anwesende Kinder im Großraumabteil davon nichts mitbekommen.

PENDELN

Hervorragende Möglichkeiten bieten sich allen, die mit dem Zug zur Arbeit pendeln müssen. Sie können über einen längeren Zeitraum hinweg jeden Morgen und Abend sondieren, bei wem Sie einen Angriff starten wollen. Im Zug wimmelt es ja nur so von seriös aussehenden Männern im Anzug, die in eine Tageszeitung vertieft sind.

Fragen Sie ihn, ob Sie einen Teil der Zeitung lesen dürfen. Verlangen Sie am besten nach dem Politikteil oder dem Feuilleton. (Hinweis an alle, die „Feuilleton“ wie „Fäuletong“ aussprechen: Tageszeitungen haben üblicherweise kein „Beauty"- und „People"-Ressort.) Lesen Sie ein bisschen und kommen dann über Ihre Lektüre ins Gespräch. Achten Sie auf einen angemessenen Spagat zwischen massenkompatiblem Gesprächseinstieg und Klugscheißer-Anmutung.

ÜBUNG ZUM DIALOGEINSTIEG

★★★ **Sehr schlecht:** „Lieber Atombusen als Atomkraft, was?"

★★★ **Sehr schlecht:** „Ach, ich hatte gar nicht mitbekommen, dass am Wochenende Bundeskanzlerwahlen waren!"

★★★ **Auch nicht so gut:** „Die Maus auf Seite eins heute hat doch definitiv aufgeblasene Titten, meinen Sie nicht?"

★★★ **Zu riskant:** „Ich bin mir nicht sicher, ob die neue Pollesch-Inszenierung an der Volksbühne den Ansprüchen des modernen Regietheaters wirklich entspricht."

★★★ **Schon besser:** „Ich finde die Haltung der Familienministerin in Sachen Frauenquote ja ziemlich reaktionär, was meinen Sie?"

REGELN **Hier noch mal die wichtigsten Grundregeln im Überblick:**

> Zweckmäßigerweise bleiben Sie bei der Wahrheit, damit Sie später nicht darauf achten müssen, ein mühsam errichtetes Flunkergerüst nicht zum Einsturz zu bringen. Behaupten Sie nicht, Sie seien eingefleischter St.-Pauli-Fan, wenn Sie bei „Viererkette" an ein prunkvolles Schmuckstück denken.

- Überfordern Sie ihn nicht. Die Wahrscheinlichkeit, dass er Theaterfreak, Nahostexperte und Börsenspezialist in einem ist, dürfen Sie nicht zu hoch ansetzen.
- Unterfordern Sie ihn nicht beziehungsweise machen Sie sich selbst nicht zum Deppen. Kennen Sie mindestens die Hauptschlagzeilen sowie die Grundordnung unseres politischen Systems und der aktuellen Bundesligatabelle. Verzichten Sie auf Kalauer.
- Idealerweise reißen Sie ein Thema an, das Sie wirklich interessiert und zu dem Sie auch dann noch was zu sagen haben, wenn er tatsächlich drauf einsteigt.

IM FLUGZEUG
unauffällige Manöver starten

Seltsam: Laut Umfrage eines großen Reiseanbieters wünscht sich jede sechste Frau sogenannte „Frauensitze" im Flugzeug, weil sie sich öfter von Männern belästigt fühlt. Sollten solche Sitze jemals eingeführt werden, stellen Sie sicher, dass sich Ihr Sitzplatz nicht mal in deren Nähe befindet.

FALSCHE SITZNACHBARN

Eine grundsätzliche Schwierigkeit, auch ohne Frauensitze: Es müsste schon großes Glück oder hohes Bestechungsgeld im Spiel sein, wenn Sie genau neben dem Mann einen Sitzplatz bekommen, der Sie interessiert. (Eine Ausnahme bilden natürlich die Billig-Fluglinien mit freier Platzwahl, die ihre Fluggäste wie Vieh in riesigen Horden zum Flugzeug schleusen und Ihnen so die Möglichkeit geben, sich an die Fersen ausgesuchter Männer zu heften und neben ihnen zu platzieren. Mähen Sie dabei keine Alten oder Kleinkinder um.)

In der Realität werden Sie leider oft neben dem fetten, schwitzenden Rotgesicht sitzen, der ziemlich bald wohlig seine Schuhe auszieht und einen Gestank verbreitet, den man beim besten Willen nicht mehr irdisch nennen kann. Oder neben der Mutter mit Baby, das so laut und anhaltend brüllt, dass Sie überlegen, ob Sie ihm unauffällig die Spucktüte über den knallroten Kopf ziehen sollen. Oder neben der Mittvierzigerin mit extremer Flugangst, die auf Händchenhalten besteht, ihre vier Zentimeter langen Fingernägel in Ihre Handflächen gräbt und sich mit Rotwein die Birne zuknallt. Oder neben dem Weltreisenden, in dessen Bart sich mittlerweile Kleinsttiere eingenistet haben und dem Sie aufs Wort glauben, wie herrlich es wohl gewesen sein muss, sich in Kambodscha drei Monate lang mit nichts außer Regenwasser zu säubern.

Wenn Ihr Jagdobjekt also fünfzehn Reihen weiter scheinbar unerreichbar sitzt, haben Sie immerhin noch folgende Option: Sie warten bis nach dem Flug. Am Gepäckband gibt es sicher die ein oder andere Möglichkeit. Platzieren Sie sich also dort unauffällig in seiner Nähe. Kommt Ihr Koffer vorbei, tun Sie so, als würden Sie ihn nicht heruntergewuchtet bekommen, und warten Sie, bis er Ihnen hilft. Dieses Manöver bietet sich genau wie im Zug natürlich nur an, wenn der Koffer größer ist als ein Turnbeutel und mehr drin ist als zwei Sätze Kleidung und eine Schminktasche. Packen Sie ab sofort präventiv mindestens drei Bücher mit mehr als 800 Seiten ein!

SO GEHT'S

Am Gepäckband entscheiden Sie sich für die geeignete Taktik:

> Variante 1: Verwechseln Sie Ihren Koffer mit seinem. Sobald er seinen Koffer entdeckt hat und sich dem Gepäckband nähert, stürzen Sie sich auf ihn und versuchen, das Gepäckstück an sich zu ziehen. Dann flöten Sie „Huch, ach, entschuldigen Sie, ich dachte, das wär meiner" – und schon haben Sie einen herrlichen Anknüpfungspunkt. Blöd nur, wenn Sie sich auf seinen Alu-Trolley gestürzt haben und Sie wenig später Ihren eigenen roten Lederkoffer in Empfang nehmen müssen. Womöglich wird der Mann an Ihrer Zurechnungsfähigkeit zweifeln.

> Variante 2: Wollen Sie lieber ohne Körpereinsatz anbahnen, bietet sich ein lockeres Gespräch unter Wartenden an. Aber überlegen Sie sich vorher etwas Vernünftiges. Scheint er auf einem Businesstrip zu sein, könnte ein einfaches „Und, auch beruflich hier?" schon ein Gespräch in Gang bringen. Den Mann mit den Trekkingsandalen, weißen Socken, Hawaiishorts und dem T-Shirt mit dem Aufdruck „Bier formte diesen wunderschönen Körper" fragen Sie vielleicht besser, welche Ecken von Marbella er empfehlen würde. Erwarten Sie jedoch nicht zu viel von seiner Antwort.

Falls Sie aber doch das Glück haben, neben einem potenziellen Jagdobjekt zu sitzen, müssen Sie sich natürlich eines gewissen Risikos bewusst sein – besonders auf Langstreckenflügen: Wenn er Ihren Anbahnungsversuch abwehrt, sind Sie zwölf Stunden nebeneinander gefangen, bis Sie endlich am anderen Ende der Welt landen Da hilft es auch nichts, acht Stunden lang das Bordprogramm auswendig zu lernen und stumm zu rezitieren, um sich irgendwie abzulenken. Grundsätzlich gilt:

Sie sollten sich optimalerweise an alleinreisende Männer heranmachen. Ob sich die Kontaktaufnahme bei dem Mann lohnt, der von einer Horde Kumpels mit glasigen Augen umringt wird und ein T-Shirt mit der Aufschrift „Sorry, Girls, ich heirate!" trägt, bleibt natürlich Ihnen beziehungsweise Ihrem Verzweiflungsgrad überlassen.

STICHWORT FLUGANGST

Sollten Sie unter Flugangst leiden: Hören Sie endlich auf damit! (Und nehmen Sie keine Schlaftabletten, Sie müssen präsent sein.) Sie haben einfach nicht genug Zeit für das Wesentliche, wenn Sie den gesamten Flug über damit beschäftigt sind, zu sondieren, welcher arabisch aussehende Mann gleich mit einem Teppichmesser in der Hand das Cockpit stürmen könnte. Oder ständig prüfen, in welchen Stewardessenaugen Sie wegen der zarten Turbulenzen bereits einen Anflug von Panik glitzern sehen. Oder immerzu horchen, ob die Stimme des Piloten nicht ein wenig verdächtig lallt, und nachsehen, ob eines der Triebwerke schon Feuer gefangen hat und abgefallen ist.

Sie können die Flugangst natürlich auch für Ihre Zwecke nutzen. Vielleicht gefällt es ihm ja, ein zitterndes weinendes Etwas, das sich hysterisch an seinen Arm krallt, zu trösten. Ist wiederum er derjenige, der sich zitternd und weinend an Ihnen festklammert, sollten Sie erst mal überlegen, ob Ihnen das nicht zu memmenhaft ist. Falls nicht: Trösten Sie ihn, streichen Sie beruhigend über seine Hand, reden Sie sanft auf ihn ein. Die Verzweiflung wird ihn in Ihre Arme treiben.

Helfen Sie ihm über seine Flugangst hinweg

AUSNAHMESITUATIONEN NUTZEN

Selbst wenn keiner von beiden unter Flugangst leidet: Im Flugzeug ergeben sich hin und wieder Situationen, die das Kennenlernen erleichtern. Und bekanntermaßen kommen sich Männer und Frauen in Ausnahmesituationen einfacher näher als im faden Alltag. Ein klassisches Beispiel ist hier die Romanze von Sandra Bullock und Keanu Reeves im Film „Speed" – sie ist eine ziemlich fade Lehrerin im Blümchenkleid und reißt am Ende trotzdem den scharfen Polizisten auf, was ohne die gemeinsame Fahrt im mit einer Bombe bestückten Bus sicher niemals geklappt hätte.

Sollten also starke Turbulenzen auftreten und die gelben Sauerstoffmasken, die Sie bisher immer für einen Mythos gehalten hatten, von der Kabinendecke fallen, freuen Sie sich! Das Flugzeug macht Bewegungen, die Sie samt Ihres Mageninhalts ständig zwei Meter nach unten sacken lassen? Großartig! Ein junger Mann springt plötzlich auf, fuchtelt mit einem Messer herum und brüllt Anweisungen in einer Sprache, die Sie nicht verstehen? Nicht schlecht! Ihre Chancen, heute den Mann Ihres Lebens zu finden, waren nie besser.

STICHWORT ALKOHOL

Trick

Man kann es nicht oft genug betonen: Alkohol wirkt in der Luft schneller als auf dem Boden! Wenn Sie also vorhaben, sich zu betrinken – etwa um Ihre Flugangst zu übertünchen –, gehen Sie maßvoll vor! Nach dem ersten Viertelliter-Fläschchen Wein erst mal ein paar Minuten warten, ob Ihr Kopf sich zu drehen beginnt und Sie die Stewardessen doppelt sehen. Dann gründlich überlegen, ob der

Gin Tonic jetzt wirklich eine gute Idee wäre. Zumal Spucktüten in Flugzeugen bloß Attrappen zu sein scheinen und eigentlich nichts weiter sind als Butterbrotpapiertüten. Sie sollten sich nicht darauf verlassen, dass es sauber über die Bühne geht, falls Sie Ihren Mageninhalt dieser lausigen Tüte übergeben.

OPTIONEN FÜR DEN LANGSTRECKENFLUG

Lassen Sie Ihren Kopf lasziv an seine Schultern sinken. Schlafen Sie auf keinen Fall in echt ein, Ihren Speichelfluss können Sie dann nicht mehr kontrollieren – und nichts ist so unsexy wie ein offener Frauenmund, aus dem Schnarchgeräusche und Speichelfäden dringen. Nehmen Sie Koffeintabletten!

AUF GESCHÄFTSREISE

Kongresskoller vermeiden

Haben Sie neben Ihrem Businesskostüm irgendwas dabei, was dem männlichen Pendant „Krawatte lockern" nahekommt. Und: Öffnen Sie nicht unbedingt die obersten Knöpfe Ihrer Bluse. Tauschen Sie stattdessen Ihr mausgraues Spießerkostüm lieber gegen Kleidung, die Sie nicht aussehen lässt wie Miss Moneypenny.

KONGRESSKOLLER NUTZEN

Das Gute an Tagungen, Kongressen, Seminaren: Sie sind oft höllisch langweilig, ja, bereiten fast körperliche Schmerzen. (Außer Sie sind diese widerliche Streberin, die mit gezückter Kladde immer in der ersten Reihe sitzt. Dann vergessen Sie diesen kleinen Abschnitt, Sie mag eh keiner, deshalb wird auch keiner mit Ihnen am Abend noch ausgehen wollen.) Jeder kennt das Gefühl, welches sich auch einstellt, wenn man übermüdet in die Spätvorstellung ins Kino geht und gegen das Einschlafen kämpft: Es fühlt sich an wie Folter.

Überbordende Euphorie wird Ihr Lohn sein, falls Sie einem interessanten Mann – am besten eingebettet in eine kleine Gruppe – vorschlagen, noch auf die Piste zu gehen, Sie hätten da zufällig von dieser unglaublich netten kleinen Bar/dem tollen Italiener etc. gehört. Sie sollten also vorher gründlich recherchiert haben, mit welchen Locations Sie vor Ort jeweils Eindruck schinden können. Viel Glück dabei in Braunschweig, Eschborn oder Wuppertal. Die von der Drögheit des Tages zermürbte Gruppe wird Ihnen dankbar sein und willig überallhin folgen, um sich volllaufen zu lassen. Und auf Geschäftsreisen tritt manchmal ein ähnliches Phänomen auf wie das Stockholm-Syndrom bei Geiseln: Man fühlt sich zueinander hingezogen, weil man eine Art unfreiwillige Schicksalsgemeinschaft bildet.

Teilen Sie mit ihm Ihr Schicksal

IM URLAUB
sich vorsichtig verlieben

Im Urlaub den Mann fürs Leben finden zu wollen ist eine äußerst zwiespältige Angelegenheit. Dagegen spricht vor allem eines: Völlig losgelöst vom üblichen Alltagsstress und -trott kann sich der schlimmste Spießer und der größte Trottel erst mal von seiner erträglichen Seite präsentieren. Vieles wird Ihnen ganz einfach verborgen bleiben, zum Beispiel, ob er eine schwarz furnierte Einbauschrankwand oder eine riesige CD-Sammlung der Scorpions besitzt. Die Alltagstauglichkeit Ihrer Urlaubsbekanntschaft werden Sie logischerweise erst im Alltag überprüfen können. Das Risiko müssen Sie eingehen.

Es kann passieren, dass der Typ, mit dem Sie zwei Wochen lang schäkernd in einer romantischen Strandbar saßen, zu Hause abends vor allem auf seinem Sofa mit Jeansbezug fläzt und „Alarm für Cobra 11" guckt. Der Typ, der stets mit großer Lässigkeit ein loses Bündel zerknitterter Geldscheine aus seiner verwaschenen Jeans kramte, um Sie im lauschigen kleinen Strandlokal zum Essen einzuladen, bügelt im wahren Leben womöglich seine Socken und hat ein „Bitte im Sitzen pinkeln"-Schild auf der Toilette angebracht.

Im wahren Leben bügelt er seine Socken

Das andere Extrem gibt's natürlich auch: Im Urlaub wird jeder Mensch unvermeidlich zum Tourist. Und Touristen sind dazu verdammt, stets vergeblich um ihre Würde zu kämpfen und sich ständig zum Deppen zu machen. Entweder weil sie alles besonders authentisch und „wie die Einheimischen" machen wollen oder sich im fremden kulturellen Rahmen so gut eingliedern wie Robbie Williams damals bei Take That. Soll heißen, Sie müssen Finderspitzengefühl beweisen. Falls der Typ mit den Trekkingsandalen und der riesigen Kamera um den Hals unerwartet einen guten Witz macht, verlieren Sie nicht aus den Augen, dass er im normalen Leben vielleicht öfter mal Anzüge trägt und darin verdammt heiß aussieht.

Führt er sich andererseits auf, als wäre er gerade mitsamt einer Elefantenherde als Kolonialherr einmarschiert, feilscht ständig mit verzweifelten Einheimischen um Cent-Beträge und fällt mehr als nur Mal der Kalauer „Andere Länder, andere Titten" – dann seien Sie auf der Hut! Sie bekommen in dieser Lektion alles mit auf den Weg, um einige klassische Fehler zu vermeiden.

CHECK **Das sollten Sie auf jeder Reise dabeihaben – kleine, aber essenzielle Accessoires:**

- Kondome.
- Kleiner Sprachführer, der mindestens eine der folgenden Floskeln in die Landessprache übersetzt: „Och, lass mal", „Ich muss jetzt leider los, mein, äh, Verlobter wartet sicher schon" oder „Wirklich, ich gehe immer um 22 Uhr ins Bett, so ist mein Biorhythmus".
- Intellektuelle Lektüre zum Beeindrucken (am besten eine gebundene Ausgabe, die groß genug ist, um Ihr „Twilight"-Taschenbuch darin zu verstecken).
- Winziger Bikini.
- Enthaarungszubehör.

MIT BEGLEITUNG REISEN

Die einzige einigermaßen akzeptable Begleitung ist eine Freundin. Einen männlichen Kumpel wird jeder für Ihren Partner halten, und wer mit eigenem Kind oder der eigenen Mutter Urlaub macht, will sicher keine Männer kennenlernen – das werden zumindest die Mitreisenden denken. Falls Ihre Freundin in einer festen Beziehung lebt, sollte mit ihr vorher abgesprochen sein, welche Regeln im Urlaub gelten. Kurz gesagt:

Wann immer Sie in Sachen Männerbekanntschaften aktiv werden, hat sie sich klaglos zu fügen und muss allein zum Buffet oder zum Abendprogramm. Ist Ihre Freundin ebenfalls Single, wäre es günstig, nicht exakt dasselbe Beuteschema zu haben, sonst könnte der Urlaub hässlich erden.

DIE INDIVIDUALREISE

Die ganz besonders Verzweifelten sollten ein paar Orte meiden, um nicht aus Versehen zur Amokläuferin zu werden und glücklich verliebte Pärchen tätlich anzugreifen. Zu diesen Orten zählen: Paris, Venedig, Rom und die Niagarafälle. Reisen Sie doch am besten an den Südpol, ausgewählte Ecken Afrikas oder nach Bangladesch. Das Risiko, lästige Pärchen auf Romantiktrip zu treffen, wird verschwindend gering sein. Die Wahrscheinlichkeit, anderen Reisenden zu begegnen, leider auch. Den ein oder anderen männlichen, abenteuerhungrigen Backpacker werden Sie aber sicher treffen. Und zusammen erlebte Abenteuer, wie gemeinsam fast zu erfrieren oder einer Überschwemmung zum Opfer zu fallen, können ja durchaus zusammenschweißen (siehe den Abschnitt „Ausnahmesituationen nutzen" beim Thema „Im Flugzeug").

DER CLUBURLAUB

Wenn Sie kein Problem damit haben, zwei Wochen lang im Betonbunker-Ambiente Kleinkriege um das letzte angetrocknete Stück Räucherlachs an riesigen Buffets auszutragen und abends mit einem Animationsprogramm bespaßt zu werden, dann ist der Cluburlaub gar keine so schlechte Option. Da die All-inclusive-Buffetmahlzeiten die Hauptstruktur des Tages bilden, haben Sie dreimal täglich eingepfercht im Speisesaal die Möglichkeit, Männer kennenzulernen. Weitere

Chancen ergeben sich sicherlich beim abendlichen Animationsprogramm und bei gemeinsamen Ausflügen im hoteleigenen Reisebus.

TABUS **Vermeiden Sie Leichtsinnsfehler. Beim Cluburlaub sollten Sie auf keinen Fall ...**

- ... ein Familienhotel buchen: Pausenlos kreischende Kinder sowie „Jetzt geh du mal mit Leonard pullern"-Streitereien gestresster Eltern sind kaum auszuhalten – und irgendwann finden Sie sich im Pool wieder, wo Sie unauffällig versuchen, einen Vierjährigen zu ertränken.
- ... sich den Animateur angeln – siehe Typologie unten.

GRUPPENREISEN

Hier gibt es diverse Möglichkeiten: Zum einen die Leserreise Ihrer Tageszeitung. Überlegen Sie sich aber gut, ob Sie wirklich mit Lehrerehepaaren in Rente die „Kunst und Kultur im Paris Südamerikas" erleben wollen.
Zum anderen den Gruppenurlaub, organisiert von einem Reiseanbieter: Überlegen Sie sich auch hier gut, ob Sie auf Männer treffen wollen, die freiwillig mit gelben Logo-Rucksäcken und Kappen des Reiseanbieters im Gänsemarsch durch fremde Städte latschen. Falls Sie wehmütig und sehnsüchtig an die Orgien zurückdenken, die sich damals bei Ihrer Gruppen-Busreise an den Balaton abspielten: Bedenken Sie, Sie sind keine dreizehn mehr – und der Rest der Gruppe erst recht nicht. Spätestens, wenn ein Mittsechziger aus dem Rheinland im Garten des Raststättenrestaurants nahe Kalkutta alle viere von sich streckt und „Sonne, mach mich Neger" raunt, werden Sie sich woanders hinwünschen.

SINGLEREISEN

Mittlerweile gibt es einige Anbieter sogenannter Singlereisen, die steif und fest behaupten, es gehe eher darum, nette Leute kennenzulernen, als auf Biegen und Brechen Leute zu verkuppeln. Ein großer Reiseveranstalter formuliert das Prinzip so: „Alles kann, nichts muss" – stellen Sie in jedem Fall vorher sicher, dass Sie nicht gezwungen werden, abends Polonaisen zu tanzen und bei „Herzblatt"-ähnlichen Verkupplungsspielen von einem schmierigen Moderator im lachsfarbenen Zweireiher behelligt werden.

BRACHIALMETHODE „REISEBEGLEITUNG"

Wollen Sie unbedingt mit dem Kopf durch die Wand, dann lesen Sie bei den Kleinanzeigen in der Zeitung die Rubrik „Reisebegleitungen" oder besuchen Sie eine der zahlreichen Internetseiten, auf denen Reisebegleitungen gesucht werden. Meistens handelt es sich dabei um mehr oder weniger schlecht getarnte Kontaktanzeigen, aber immerhin hat man einen gemeinsamen Plan, wenn das erste Date ein gemeinsamer Urlaub ist – und in manchen Fällen müssen Sie auch gar nichts dafür bezahlen!

Trick

Übungsaufgabe

Achten Sie auf mögliche Haken:

Ich, männlich, 49 Jahre, NR, bin auf der Suche nach einer geeigneten Reisebegleitung, die Lust auf eine zweimonatige Mietwagenrundreise durch die USA und Kanada hat und nicht am Steuer sitzen will. Ich höre dabei meistens Musik (NDW und Oldies aus den 50er- bis 80er-Jahren).

Auflösung

Folgende Alarmsignale dürfen Sie hier keinesfalls übersehen: Der Mann fährt wie ein Berserker, brettert auch nachts ohne Pausen durch und wird Sie selbst dann nicht ans Steuer lassen, wenn er sich an den Haaren ziehen muss, um wach zu bleiben. Und: Der Mann wird Sie mit Roland Kaiser und Peter Maffay in den musikalischen Wahnsinn treiben.

ANLEITUNG

Bringen Sie sich in Gefahr – Männer mögen das:

> Schwimmen Sie ein paar Hundert Meter ins offene Meer und beginnen Sie dann verzweifelt mit den Armen zu rudern.

> Täuschen Sie einen Haialarm vor.

> Wenden Sie die beiden soeben beschriebenen Strategien nur an, wenn Sie sicher sind, dass es auch jemand mitbekommt. Mit „jemand" sind keine Kleinkinder gemeint.

> Lassen Sie sich auf der Dschungelexpedition von einer Schlange beißen (aber nur, falls Sie sehr, sehr sicher sind, dass er der Typ ist, der sich sofort auf Sie stürzt, um das Gift aus der Wunde zu saugen).

GRUNDREGEL: DENKEN SIE AN DIE ZEIT NACH DEM URLAUB!

Sie glauben, Gefühle ließen sich nach Hause importieren? Das ist ein großes Missverständnis. Denn das, was Sie im Urlaub verzauberte, wird Ihnen zu Hause den letzten Nerv rauben.

Der Mann mit der sonnengegerbten Haut und den Rastalocken, der im australischen Outback wie ein Berserker auf dem Didgeridoo spielte, übte eine unheimliche Anziehung auf Sie aus? In Ihrem Einraum-City-Apartment werden Sie innerhalb

kürzester Zeit das dringende Bedürfnis verspüren, das Didgeridoo zu Brennholz zu verarbeiten.
In Buenos Aires sind Sie noch fast übergeschnappt vor Wonne, als er mit Ihnen einen Tango improvisierte? Zurück in Solingen, würden Sie am liebsten im Boden versinken, sobald er in Ihrer Stammdisco seinen Körper erst rhythmisch in Wellen bewegt und dann Ihren Oberkörper 180 Grad nach hinten biegt, während der Rest des Publikums am Rand steht.

VON WELCHEN URLAUBSBEKANNTSCHAFTEN SIE WARUM DIE FINGER LASSEN SOLLTEN

Mitglied einer Junggesellen-Abschiedsparty

Sein Alkoholpegel liegt konstant über zwei Promille. Am nächsten Tag wird er Sie mit der Bedienung aus der Tabledance-Bar verwechseln und versuchen, Ihnen einen kleinen Geldschein in den Ausschnitt zu stecken.

Einheimische aus sozial schwachen Ländern

Verständlicherweise findet er Sex mit Ihnen erträglicher als die Aussicht, in einem nussschalenartigen Boot von Schleppern nach Europa gebracht zu werden. Fraglich ist bloß, ob Sie Lust haben, nach einigen Monaten als „Sugar Mummy" und Visumbeschaffungsexpertin ausgedient zu haben.

Der North-Face-Fanatiker

Männer in Funktionskleidung, die außerdem diktatorische Züge an den Tag legen, sind zu vermeiden. Ein Klassiker ist beispielsweise der Typ, der offene Aggressionen entwickelt, wenn ein Mitglied der Bergwandergruppe an Höhenkrankheit leidet und die ganz Gruppe umkehren muss.

Der Surflehrer/Animateur

Beiden ist ihr Erfolg zu Kopf gestiegen. Entweder handelt es sich um Studenten, die es total geil finden, neben der Aufstockung ihrer Kasse permanent von Frauen angehimmelt zu werden, ohne mehr dafür zu tun, als mit nacktem Oberkörper karg bekleidet die Damenwelt zu bespaßen. Oder es handelt sich um echte Profis, die das Abschlepp-Potenzial ihres Jobs ganz genau kennen und gnadenlos ausnutzen. Sagen Sie also nicht, wir hätten Sie nicht gewarnt, wenn der heiße Animateur Sie nach dem wunderschönen gemeinsamen Abend am nächsten Tag bei der „Aqua-Fun-Gymnastik" mit falschem Namen anspricht.

Der Familienvater

Er ist mit einer schlecht gelaunten Ehefrau und zwei bis drei rotzigen Bälgern unterwegs. Sobald es darum geht, im Urlaub andere (vor allem jüngere) Frauen kennenzulernen, kann der Familienvater einen schier unerhörten Charme an den Tag legen. Am Strand wird er aus dem familieneigenen Picknickkorb ein Weinglas für Sie hervorzaubern und am Hotelpool den Liegestuhl neben seiner Sippe für Sie reservieren – um ganz ungeniert mit Ihnen flirten zu können, während seine Frau ihn gewähren lässt. Egal, wie betörend sein reifer Charme auf Sie wirken mag: Vergessen Sie's. Am Ende gewinnt immer die Ehefrau.

TIPPS FÜR BERECHNENDE

TAG 13 BIS 15

Ein Kapitel, welches für die nicht völlig Verzweifelten interessant ist. Während die Verzweifelten sich nämlich ohne Murren an sogenannte „Künstlertypen“ klammern – die sich gerne aushalten lassen, um Zeit für das Malen unverkäuflicher Bilder zu haben –, gibt es natürlich auch solche unter dem schönen Geschlecht, die den sozialen Status und die Höhe des Jahreseinkommens zum entscheidenden Kriterium ausgerufen haben. Was natürlich fürchterlich oberflächlich und berechnend ist, wir haben aber trotzdem ein paar wertvolle Tipps.

ARZTGATTIN WERDEN *(ganz schmerzbefreit)*

Warum „Arztgattin“ für viele Frauen eine Art Lebensziel zu sein scheint, ist eigentlich unverständlich: Ärzte haben in den letzten Jahren einiges ihrer Aura verloren und jammern vor allem über schlechte Bezahlung und miese Arbeitszeiten. Außerdem ist die Selbstmordrate unter Ärzten ziemlich hoch, weil sie so genau Bescheid wissen, wie man das am besten anstellt. Die meisten Ärzte, die im weißen Kittel eine unheimliche Souveränität und Coolness ausstrahlen, verwandeln sich im echten Leben in Männer mit kreisrundem Haarausfall und Cordhosen. Aber bitte, wenn Sie unbedingt meinen, dass Sie einen Arzt aufreißen müssen ...

OPTION 1: IN KRANKENHÄUSERN UND PRAXEN

Logisch. Der effektivste Tipp: Schulen Sie zur Krankenschwester um. Unheimlich viele Arztgattinnen rekrutieren sich nach wie vor aus dieser Berufsgruppe.

Falls Ihnen das zu aufwendig ist, können Sie immer noch in der Rolle als Patientin aktiv werden. Der Grund Ihres Klinikaufenthalts sollte aber keine unappetitliche Krankheit oder Beschwerde sein (Fettabsaugen, Analfistel). Und berücksichtigen Sie: Als Patientin fühlen Sie sich meist würdelos, dürfen nach Operationen ewig nicht duschen, haben fettiges Haar und ein demütigendes Nachthemd an. Ärzte nehmen Sie in der Regel nur als Objekt wahr oder als die Dicke neulich auf dem Operationstisch, über deren Rettungsringe sie sich lustig gemacht haben – natürlich erst, nachdem die Narkose gewirkt hatte.

Durch ihn werden Sie Arztgattin

Auch in der Arztpraxis sieht es meist nicht viel besser aus. Viele Ärzte werden es womöglich als sexuelle Belästigung auffassen, wenn Sie den Moment in der Sprechstunde für einen Anbahnungsversuch nutzen. Und die Aufforderung „Freimachen, bitte" wird einfach nie eine erotische Komponente bekommen, egal, welche astronomischen Summen Sie in die Auswahl Ihrer Unterwäsche investiert haben. Verzichten Sie ebenfalls darauf, beim Gynäkologen splitterfasernackt hinter dem kleinen Vorhang hervorzutreten. Vielleicht halten Sie sich besser an Option 2.

OPTION 2: AUF DEM GOLF- UND TENNISPLATZ

Dem Klischee entsprechend, spielen tatsächlich viele Ärzte Golf oder Tennis. Melden Sie sich also im hiesigen Club zu einem Crashkurs an. Notfalls müssen Sie für die Aufnahmegebühr und die Anschaffung der Erstausstattung einen kleinen Kredit aufnehmen.

Haben Sie bisher weder Golf noch Tennis gespielt, werden Sie als Anfängerin natürlich keine wirklich anmutige Figur machen und definitiv nicht mit Ihrem Können beeindrucken. Ein

Trick

kleiner Trost: Nicht wenigen Männern bereitet es große Freude, mit ihrem Wissen zu protzen, indem sie es an vorzugsweise jüngere Frauen weitergeben. Stellen Sie sich keinesfalls absichtlich besonders blöd an (das werden Sie automatisch tun), aber machen Sie einen hilfebedürftigen Eindruck. Steigen Sie ganz klassisch ein: „Ach, Sie hätten nicht zufällig Lust, mir zu zeigen, wie Sie das mit Ihrer so kraftvollen Rückhand hinkriegen?" Tragen Sie dabei sexy und doch angemessene Sportkleidung, soweit es Ihre Figur erlaubt. Verzichten Sie auf Schweißbänder.

Beim Golf: Sie sollten einige Grundbegriffe kennen – etwa wissen, was ein Handicap ist. Und niemals zum Schlag ausholen, wenn er hinter Ihnen steht, um ein K.-o.-Gehen seinerseits und ein ewiges Image als Axt im Walde zu vermeiden.

SONSTIGE MÄNNER *mit viel Geld aufreißen*

Seien oder werden Sie selbst reich! Oder aber tun Sie so, als hätten Sie viel Geld. Viele Männer mit Geld haben logischerweise Angst, dass die Frauen nur auf ebenjenes scharf sind – und die Angst ist nicht ganz unbegründet. Insbesondere, wenn es sich um ältere Männer mit Geheimratsecken, Bierwampe und Infarktrisiko handelt, die von Frauen umgarnt werden, die ihre Töchter sein könnten.

Wollen Sie Ihren kläglichen Kontostand nicht künstlich aufbauschen, haben Sie natürlich trotzdem Chancen: Einfach, weil es vielen reichen Männern dann doch wurscht ist, ob die Frau an ihre Kohle will, solange sie einen Body-Mass-Index um die 20 hat und idealerweise unter 30 ist – oder zumindest so aussieht. Reiche Männer lernen Sie auf jeden Fall an den folgenden Orten kennen.

IM SEGEL- UND JACHTCLUB

Hier müssen Sie ebenfalls etwas Kapital investieren, beispielsweise um den Segelschein zu machen und später die abstrus hohen Mitgliedsbeträge berappen zu können.

IM ROTARY, LIONS CLUB ETC.

Manche dieser sogenannten „Service-Clubs“ sind heute gemischt, auch Frauen dürfen also gnädigerweise Mitglied werden. Das Blöde ist nur: Sie können nicht so einfach Mitglied werden, sondern müssen vorgeschlagen werden. Und wenn Sie tatsächlich drin sind, müssen Sie am Wochenende auf Gemeindefesten womöglich Kuchen verkaufen, Geld für wohltätige Zwecke sammeln und notdürftig die Tränen der Wut unterdrücken, weil Ihre Freundinnen ohne Sie an den Badesee gefahren oder auf Shoppingtour gegangen sind – alles hat seinen Preis. Falls Sie Geld übrig haben, müssen Sie vielleicht jemanden bestechen, damit er Sie für eine Mitgliedschaft vorschlägt.

Für ihn müssen Sie Zeit und Geld investieren

Besteht keine Chance, sich zum Mitglied hochzuschlafen, äh, machen zu lassen, lungern Sie doch einfach mal ein paar Stunden unauffällig vor dem Clubgebäude herum und tun Sie zum Beispiel so, als hätten Sie sich verirrt.
Sie haben natürlich auch die Möglichkeit, ins schickere Charity-Milieu jenseits dieser Snob-Clubs einzutauchen. Charity bedeutet nicht selten, sich mit zu stark geschminkten Botox-Frauen herumzuschlagen, die kompensieren müssen, dass die Kinder aus dem Haus sind und der Mann eine Affäre mit einer 25-Jährigen hat. Weitere geeignete Tummelplätze sind:

- *Kitzbühel, Sankt Moritz und Saint-Tropez – dazu lösen Sie Ihr Sparkonto oder Ihren Bausparvertrag auf und verbringen Ihre Wochenenden nur noch dort.*
- *Besuchen Sie Pferderennen und tragen Sie einen riesigen Hut mit Dekoration in Obstform. Ascot ist immer eine sichere Nummer.*

INTERNETSEITEN FÜR JUNGE FRAUEN UND REICHE MÄNNER

Ja, so etwas gibt es tatsächlich. Diese Seiten bieten allerlei an, beispielsweise auch Seitensprünge mit Studentinnen. Und eben die klassische Option, als junge Frau einen reichen Mann zu bekommen. Viele ältere Männer – vor allem solche in der Midlife-Crisis – nutzen eine jüngere Frau ja gerne als eine Art Wiederbelebungsmaßnahme. Wenn Sie kein Problem damit haben, eine solche Maßnahme zu sein, melden Sie sich an! Sie sollten idealerweise unter 30 sein oder Ihr wahres Alter vertuschen. Es handelt sich um Seiten mit ziemlich bizarren Texten, hier ein paar schöne Auszüge:

„Sie sind eine junge Frau und möchten gerne einen erfahrenen, reichen Mann kennen lernen, aber warum? Finanziell abgesicherte Männer haben eine andere Lebensphilosophie und sind ausserdem reifer im Kopf, als unerfahrene, jüngere Männer. Hinzu kommt, dass junge Männer nicht bindungsfähig sind.“ [1] (Genau, bloß keine Angst vor Pauschalisierungen!) Und weiter: *„Der Kontakt mit jungen Frauen ist für manchen niveauvollen Herren auch die Chance, am Puls des Lebens zu bleiben. An Events teilzunehmen wo der ‚mittelalterliche Mann‘ alleine nicht hingehen würde. Auch reiche Männer stehen gerne in Kontakt mit jungen Damen (...) Nur so bleibt man im Leben frisch und auch in der Denkweise jung und attraktiv. (...) Ein Millionär muss natürlich auch viel arbeiten, um sich auch weiterhin Luxus und Glamour zu leisten. Seine junge Frau hat dafür aber Verständnis und unterstützt ihren Millionär emotional, hält ihm den Rücken frei. Er weiß das zu schätzen und überrascht sie mit einer Luxusreise und schönen Präsenten. Der Millionär weiß, dass er sich auf seine junge Frau verlassen kann und dass sie ihn von Herzen liebt. Die Krönung dieser Liebe ist ein glamouröser Heiratsantrag, mit dem der Millionär das Herz seiner Geliebten erobert.“* [2]

Für Sie hört sich das richtig gut an? Na, dann los. Wir sind gespannt, welchen Haken die Sache hat.

KONTAKTANZEIGEN

Eine weitere Gelegenheit, gerade für eher traditionelle Geister, kann sich bei der genaueren Überprüfung der Kontaktanzeigen in Ihrer Tages- oder Wochenzeitung bieten. Immer wieder finden sich da Anzeigen, die fast zu schön klingen, um wahr zu sein.

PRAKTISCHE ÜBUNG

Lesen Sie die beiden Kontaktanzeigen sorgfältig durch!

1. Intellektuellenpersönlichkeit, 52, 183, im schlemmerhaften Ruhestand lebend, kunst-studiert, Hobby-Winzer, Jaguarfahrer, substanziell bibliophiler Charakter, geschmückt mit üppigem, noch recht ungelichtetem Haupthaar, durch eindrucksvoll differenzierte Physiognomie hervortretend und mit kernig-imposanter Erscheinung. Im Übrigen reüssierend als zärtlicher Träumer und gleichzeitig unabhängiger, ungestümer Freigeist im besten Sinne; wünscht sich die reine Amour fou auf ästhetischer, geistiger und emotionaler Basis mit einer ähnlich gesinnten, feinfühligen – vorzugsweise jüngeren – Gespielin (Künstlerin?), der er selber alles zu geben bereit ist.

2. Mehrfacher Millionär und Großunternehmer sucht eine junge, passende und niveauvolle Dame mit hervorragenden Manieren und präsentablem Auftreten – bevorzugt mit Kleidergröße 36. Unser Klient ist Geschäftsführer eines internationalen Konzerns mit mehr als 100.000 Mitarbeitern. Interessiert ist der sehr angesehene Mann an einer studierten, liebenswürdigen und duldsamen Frau mit Charisma, Stil und Klasse. Unser Klient denkt an eine dauerhafte Beziehung, in der es Ihnen an nichts fehlen soll (ihr zweites Zuhause ist im Sommer Ibiza, im Winter Sankt Moritz).

AUFGABE

Markieren Sie in jeder Anzeige mindestens drei Schlüsselbegriffe, die für Sie relevant sein könnten. Und ignorieren Sie das restliche Geschwafel: „... durch eindrucksvoll differenzierte Physiognomie hervortretend und mit kernig-imposanter Erscheinung. Im Übrigen reüssierend als zärtlicher Träumer". (Die Droge, die der Mitarbeiter der Partnergagentur beim Verfassen der Anzeige genommen hat, würden wir auch gern mal ausprobieren.)

AUFLÖSUNG

1. schlemmerhafter Ruhestand/Jaguarfahrer/der er selber alles zu geben bereit ist
2. mehrfacher Millionär, Großunternehmer, zweites Zuhause Ibiza/Sankt Moritz

Außerdem wichtig

Nehmen Sie die Anforderungen nicht allzu ernst. Es reicht, wenn Sie vor zehn Jahren ab und zu in Größe 38 gepasst haben. Der Haken an der Sache tritt oft erst beim ersten Treffen in Erscheinung. Sind Sie aber vor allem an Geld und einem luxuriösen Lebensstil interessiert, dann werden Sie seine Kurzatmigkeit, sein schlechter Atem, die gelbliche Gesichtsfarbe und sein verschrumpelter Genitalbereich ja sicher nicht weiter stören.

ADLIGE KENNENLERNEN UND *einen schönen Namen abgreifen*

Auch wenn den meisten Adligen außer einem aufgeplusterten „Von" und einem unheimlich übersteigerten Standesdünkel nicht mehr viel geblieben ist: Manchen Frauen reicht die Aussicht auf den „Von"-Namen schon.

TIPPS

Falls Sie wild entschlossen sind, adlig einzuheiraten:

- Abonnieren Sie das „Deutsche Adelsblatt".
- Schalten Sie unbedingt eine Kontaktanzeige im „Deutschen Adelsblatt".
- Werden Sie regelmäßige Leserin der Zeitschrift „Wild und Hund".
- Legen Sie sich einen „Von"-Namen zu, um bei Ihrem Zielpublikum Eindruck zu schinden. Sollte sich tatsächlich eine feste Beziehung entwickeln, dürfen Sie eben keine gemeinsamen Flugreisen unternehmen oder sonst irgendetwas tun, wozu man einen Reisepass oder Ausweis benötigen und Ihren Schwindel auffliegen assen würde.
- Lernen Sie das „Genealogische Handbuch des Adels", eine Art „Who's who", auswendig.
- Sie hatten damals diese Klassenkameradin mit dem „Von"-Namen, die Sie gemeinsam mit ein paar anderen im Schulbus gefoltert haben? Ega , daran erinnert sie sich bestimmt nicht mehr. Nehmen Sie w eder Kontakt auf, freunden Sie sich an. Vielleicht kann sie Ihnen helfen, sich auf Veranstaltungen wie dem „Preußenwochenende", „Adel auf dem Radl", dem „Kurmärkerball" oder bei einem Adelsstammtisch einzuschleusen.
- Parallel dazu: Machen Sie den Jagdschein, lernen Sie reiten, studieren Sie Jura, erfinden Sie eine Schullaufbahn auf Schloss Salem, perfektionieren Sie Ihre Kenntnisse im Standardtanz.
- Lassen Sie auch das Umfeld der schlagenden Verbindungen nicht außer Acht. Ein Tummelplatz für feiste Adlige, die Karojacketts tragen und Kellnerinnen gern auf den Hintern schlagen, wenn sie abends mit den adligen Kumpels raue Mengen von Bier vernichten. Gute Chancen haben Sie in Städten wie Heidelberg und Tübingen.

EXKURS: GOLDENE REGELN *für den Small Talk*

Dieser kleine Exkurs ist nicht nur für das Kennenlernen reicher Männer gedacht, sondern allgemeingültig – und deshalb wichtig! Oft bietet sich für den Gesprächseinstieg etwas Offensichtliches an („Ach, Sie fahren auch nach Kassel?"), nachdem aber eine solche Frage mit „Ja" oder „Nein" beantwortet wurde, wissen viele nicht, wie es weitergehen soll. Ein ganz grundsätzlicher Tipp lautet deshalb, immer offene Fragen zu stellen, also solche, bei denen Sie nicht mit „Ja" oder „Nein" abgespeist werden können. Und nun folgen alle weiteren Grundlagen des charmanten Small Talks.

IMMER EINE GUTE TAKTIK

Suchen Sie nach Gemeinsamkeiten beziehungsweise Themen, zu denen Sie beide was zu sagen oder zu lästern haben, wie das Fernsehprogramm, das Essen im Restaurant, die schlecht angezogenen Menschen um Sie herum etc. Gepflegtes Lästern verbindet ungemein, anders würden viele Freundeskreise ihre abendlichen Treffen gar nicht über die Runden bringen, weil es schon lange keinen Gesprächsstoff mehr gäbe.

Und: Machen Sie sich nicht zu viele Gedanken. In Studien heißt es immer wieder, der erste Eindruck, den zwei Menschen voneinander bekommen, entstehe zu fast 95 Prozent aus Gestik, Mimik, Stimme und Körperhaltung. Im Klartext also: Po einziehen und Brust raus sind erheblich wichtiger als Ihr schlauer Gesprächseinstieg. Klingt Ihre Stimme eher wie die von Hildegard Knef als die von Tweety, dürfen Sie ruhig erst mal Blödsinn verzapfen.

FALLEN **Beim Komplimentemachen sollten Sie unbedingt Folgendes beachten:**

> Werden Sie nicht schlüpfrig! Sie wollen doch nicht so enden wie Ina Müller auf der „Echo"-Verleihung, die sich auf dem Schoß eines Musikkonzernchefs platzierte und bemerkte, das Harte unter ihrem Hintern sei „hoffentlich nur Ihr Hausschlüssel".

> Treten Sie in keine Fettnäpfchen! Vielleicht schätzt er seine äußere Erscheinung ganz anders beziehungsweise gnädiger ein als Sie: „Also ich steh ja total auf Männer mit Bauchansatz und Halbglatze!"

> Werden Sie nicht devot! „Wie sich Ihre durchtrainierten Brustmuskeln durch Ihr Hemd abzeichnen – zum Niederknien" ist ein bisschen zu dick aufgetragen. Diskreter: „Ich nehme an, Sie trainieren gezielt?"

GRUNDREGELN DES SMALL TALKS

1. Reden Sie nur über Ihren Job, wenn Sie eine der folgenden oder ähnliche Positionen innehaben: „Wetten, dass ...?"-Moderatorin, UN-Generalsekretärin, persönliche Referentin von Barack Obama, Gagschreiberin für Harald Schmidt, Leibärztin der Fußball-Nationalmannschaft ...
Soll heißen: Die meisten Menschen – und wahrscheinlich gehören dazu auch Sie – haben ganz einfach keinen Beruf, der die wirklich spannenden Geschichten des Lebens schreibt. Aber das macht nichts.

2. Viel charmanter ist es ohnehin, durch lustige oder sogar selbstironische Bemerkungen ein Gespräch in Gang zu bringen. Ein bisschen Humor und Gewitztheit kommen bei den meisten nicht total drögen Männern gut an. Das funktioniert natürlich nur, wenn Sie einigermaßen locker sind, Ihre Hände

nicht zittern und Ihr Stimmchen nicht so dünn klingt, wie der Kaffee in der Betriebskantine schmeckt.

3. Interesse signalisieren ist prinzipiell natürlich eine gute Idee. Sie dürfen ihm ruhig Fragen stellen. Viele Leute freuen sich darüber, weil sie immer wieder auf solche stoßen, die ihr Gegenüber als Resonanzboden ihres eigenen Gelabers missbrauchen – und endlose Monologe über ihren eigenen tollen Job und ihr ach so tolles Leben führen. Das nervt noch viel mehr.
Aber lassen Sie auch mal eine Gegenfrage zu. Ansonsten fühlt es sich für ihn vielleicht so an, als würde er von einer Horde CIA-Agenten ins Kreuzverhör genommen.

4. Hartnäckig wird in Small-Talk-Ratgebern behauptet, über das Wetter zu reden wäre okay. Dabei ist das doch, objektiv betrachtet, unglaublich öde. Ein bisschen höhere Ziele als „Wirklich faszinierend, die Stratokumulus-Schichtung heute" dürfen Sie sich schon stecken.

5. Werden Sie nicht zu privat. Sie sollten nach einem ersten Anbahnungsgespräch noch nicht über seine Bindegewebsschwäche Bescheid wissen oder dass er das letzte Mal geweint hat, als sein Zwergkaninchen an Krebs gestorben ist. Wenn doch, dann haben Sie entweder CIA-Methoden angewandt – oder der Mann hat ein ernst zu nehmendes Selbstachtungsproblem.

6. Beiläufigkeit ist eine tolle Sache. Alles, was offensichtlich in Richtung Flirten geht, nimmt schon den Zauber

des ersten Kennenlernens – das kennen Sie sicher selbst: Gräbt ein Mann Sie ganz offensichtlich an, sortieren Sie ihn automatisch in die „Leicht zu haben"-Schublade ein, und er verliert an Reiz. Anziehend findet man immer die scheinbar Unerreichbaren. Also smalltalken Sie erst mal so, wie es eine glücklich verheiratete Frau mit vier Kindern tun würde (mit dem einzigen Unterschied, dass Sie NICHT ständig über Kinder reden, das will keiner hören!). Schön ist immer, lustige Beobachtungen mitzuteilen oder eine selbstironische Anekdote zum Besten zu geben.

ÜBERSICHT

Geeignete Gesprächsbausteine für den Small Talk:

- Auf Partys: „Ich wurde vom Gastgeber schon in der Krabbelgruppe verprügelt – und woher kennen Sie sich?"
- Am Buffet: „Die Buletten sehen echt prima aus. Tim Mälzer hat neulich im Fernsehen Buletten mit Leberwurst drin gemacht. Kann man sich gut vorstellen, oder?"
- Überall: „Die Schuhe, die Sie da anhaben, sind wirklich toll. Die Forest Hills waren ja in den 70ern noch ein ganz klassischer Tennisschuh!"

ÜBUNGSAUFGABE

Üben Sie Small Talk im Alltag, aber übertreiben Sie es nicht. Wenn die Bäckereiverkäuferin fluchtartig ins Hinterzimmer verschwindet, sobald Sie auftauchen, sollten Sie sich Gedanken machen. Das Gleiche gilt, falls der Verkäufer immer dann panikartig das „Diese Kasse ist zurzeit nicht besetzt"-Schild aufstellt, sobald Sie in Sichtweite kommen.

ZWISCHENBILANZ – WAS LÄUFT NOCH NICHT RUND?

TAG 16

Halbzeit! Die Hälfte Ihrer Zeit ist rum, aber unerklärlicherweise haben Sie Ihren Traummann noch nicht in trockenen Tüchern? Dieses Kapitel widmet sich der Fehleranalyse: Sie können überprüfen, woran es bisher gelegen haben könnte. Am Ende werden Sie dann auch noch lernen, wie Sie aus scheinbar aussichtslosen oder für Sie eigentlich unangenehmen Situationen Profit schlagen und jemanden kennenlernen können.

PROBLEMANALYSE: *Ihre Ausstrahlung*

Vielleicht kommen Sie falsch rüber – womöglich haben Sie eine kleine soziale Phobie und ahnen nichts davon. Das wäre natürlich schlimm, weil völlig unnötig. Eventuell könnte es auch an den folgenden Missverständnissen liegen.

SIE DENKEN	DER REST DENKT
Lieber ein bisschen schüchtern als aufdringlich.	Armes Mäuschen. Kaut wahrscheinlich Fingernägel.
Schwächen machen mich sympathisch.	Wahrscheinlich züchtigt sie sich im stillen Kämmerlein selbst.
Alle starren mich an, alle starren mich an!	Ob sie immer so stark schwitzt?

Schreiben Sie als Hausaufgabe hundert Mal dieses Mantra ab und lernen es auswendig. Wenn Sie mögen, können Sie es auch laut aufsagen oder aus sich herausbrüllen – falls Sie der Typ für so was sind:

Jeder Mann auf diesem Planeten kann froh sein, wenn eine Frau wie ich ihm die Gnade erweist, mit ihm in Kontakt treten zu wollen! Das ist mutig von mir! Und wenn es nicht funktioniert, dann hat das verdammt noch mal nichts mit mir zu tun!

Hämmern Sie sich das bitte unbedingt ein – Sie haben nichts zu verlieren, und Ihnen gebühren Bewunderung und Anerkennung, weil Sie das Projekt Traummann nicht dem Zufall überlassen! Nur zur Sicherheit stehen hier die vier goldenen Regeln für die erste Anbahnung:

***Reden** Sie nicht über Kinder!*
***Reden** Sie nicht über Krankheiten!*
***Reden** Sie nicht über Expartner!*

DAS ROSAMUNDE-PILCHER-Missverständnis

Vielleicht ist aber auch alles gar nicht so schlimm?! Ihre Fingernägel sind makellos, und Sie haben ganz einfach ein paar Rosamunde-Pilcher-Verfilmungen zu viel gesehen, und die Überdosis vernebelt Ihnen nun das Gehirn?

VORSICHT

Abgedriftet ins britische Südküsten-Nirwana? Das könnte sein, wenn ...

- ... Sie darauf warten, bis irgendjemand Wichtiges (Vater, Mutter etc.) im Sterben liegt, weil Sie das Gefühl haben, erst dann einem Mann wirklich nahekommen zu können.
- ... ein englisches Landgut mit offenem Kamin, prachtvollem Garten und einigen Pferdekoppeln für Sie eine Voraussetzung für die Entstehung romantischer Gefühle ist.
- ... Sie nur noch Männer kennenlernen wollen, die eine der folgenden Namenskombinationen aufbieten können: Grenville Bayliss, Charles Bradshaw, John Dunbeath, Sinclair Shackleton, Eustache Philips, Rodney Ackland, Alec Haverstock, Angus Cilburn, Tom Sawcombe, Giles Savour, Nigel Davenport, Miles Brendan, Oliver Cairney, Barney Branningham.
- ... der Mann Ihrer Wahl sein Leben regelmäßig bei Hausbränden oder Schiffsunglücken aufs Spiel setzen sollte.
- ... Sie Ihr gesellschaftliches Leben aufgegeben haben, in ein kleines Cottage nach Cornwall gezogen sind und es zusammen mit einer verrückten Tante bewohnen.
- ... Ihr Glück nur vollkommen ist, sobald eine eifersüchtige Verflossene versucht, einen Keil zwischen Sie und Ihren Geliebten zu treiben.
- ... irgendjemand vor Jahren bei einem tragischen Autounfall ums Leben gekommen sein muss, damit Ihre Liebesgeschichte die nötige Dramatik bekommt.
- ... Sie nur Feuer fangen, falls er Erbtanten mit Namen Winifred oder Mabel aufweisen kann oder Erbe einer traditionsreichen schottischen Tweedweberei ist.
- ... Sie darauf bestehen, dass er Anspruch auf das väterliche Gestüt oder zumindest ein Herrenhaus oder ein dunkles Geheimnis hat.

Verabschieden Sie sich von Ihren irren Vorstellungen. Und bedenken Sie: Ähnliche Dramen lassen sich in jedem Leben und jeder Familie finden. Im Prinzip geht's doch immer um finanzielle Nöte und kaputte Familien – und damit kann doch fast jeder dienen, oder?

AUS DER NOT *eine Tugend machen*

HOCHZEITEN

Hochzeiten werden oft als klassische Partnerbörsen beschrieben. In Wahrheit besuchen – je älter Sie selbst werden – Hochzeiten zunehmend verheiratete Paare mit kleinen Kindern. Je mehr Jahre ins Land ziehen, desto höher die Wahrscheinlichkeit, dass das traditionelle Brautstraußwerfen mangels Beteiligung abgesagt werden muss. Oder womöglich haben Sie auch schon die Mutter aller Demütigungen erfahren: nämlich beim Brautstraußwerfen die einzige peinlich berührte Kandidatin zu sein.

Manche weiblichen Singles neigen dazu, ihre beste Freundin als Begleitung mitzubringen. Mal davon abgesehen, dass Brautpaare solche Deals eher gequält abnicken – weil Sie froh um jeden Esser und vor allem Trinker weniger gewesen wären –, so eine Freundin kann auch lästig werden, wenn Sie niemanden kennt und sich an Sie hängt wie eine Klette. Überlegen Sie außerdem, wie dieses Arrangement auf Männer wirken muss. Welche Schlüsse würden Sie denn ziehen, wenn ein Mann mit einer männlichen Begleitung erscheint?

Vielleicht treffen Sie am Restetisch auf ihn

Reisen Sie als Single an, werden Sie höchstwahrscheinlich am Restetisch platziert. Dort landen alle Gäste, die aus Verpflichtungsgefühlen eingeladen wurden – oder Leute wie Sie, mit denen man nichts so recht anzufangen weiß. Freuen Sie sich darüber! Der Restetisch ist traditionell der lustigste. Hier können Sie jegliche Etikette über Bord werfen, den Abend über Pflaumenschnapsrunden für den gesamten Tisch ordern – und am Ende sieht der 1,50 Meter große Cousin dritten Grades des Bräutigams mindestens 20 Zentimeter größer aus.

POLTERABEND

Eine Topgelegenheit bietet übrigens der Polterabend. Oft sind hierzu auch Freunde eingeladen, die es nicht auf die Gästeliste der Hochzeitsfeier geschafft haben, aber die eindeutig cooleren Gäste sind.

IM WARTEZIMMER

Kaum ein Ort wirkt auf den ersten Blick unwirtlicher in Sachen Flirten als das Wartezimmer beim Arzt. Man sitzt auf unbequemen Stühlen, hört pausenlos dabei zu, wie die Arzthelferinnen intime Patientendetails erörtern („Ja, Herr XY, ich frag den Herrn Doktor gleich, ob er Ihnen das Rezept für die Hämorrhoidensalbe fertig macht"). Und blättert durch eine zwei Monate alte Ausgabe von „Bild der Frau" mit ausgefülltem Kreuzworträtsel und ausgerissenen Rezepten. Den einzigen Quell der Freude, nämlich die aktuelle Ausgabe von „Gala" oder „Bunte", hat sich schon jemand anderer unter den Nagel gerissen, der die Hefte während Ihrer fast einstündigen Wartezeit auch nicht mehr rausrückt.

Eigentlich verständlich, dass Sie keine Lust auf Flirten haben. Wenn es Ihnen aber nicht allzu schlecht geht, bleiben Sie wachsam! Gerade bei Terminen wie etwa beim Zahnarzt können Sie das Kennenlernen eines geeigneten Mannes gleich mit einem Check-up des enorm wichtigen Themas Zahn- und Mundhygiene verbinden. Sollen Sie jemanden ansprechen, müssen Sie allerdings in Kauf nehmen, dass alle zuhören – Sie wissen ja schließlich über das Hämorrhoidenleiden des Herrn XY bestens Bescheid. Die gelangweilt wartende Patientenschar wird natürlich sofort freudig die Ohren spitzen, sobald die dumpfe Stille im Wartezimmer, die sonst nur von ein paar schmerzverzerrten, wehleidigen Stöhngeräuschen unterbrochen wird, ein Ende nimmt.

MÖGLICHE GESPRÄCHSANFÄNGE

★★★ **Nicht so gut:** „Und, was haben Sie für ein Problem? Sie sehen ja eigentlich ganz fit aus!“

★★★ **Nicht besser:** „Und warum sind Sie da?“

★★★ **Ganz schlecht:** „Was haben Sie denn, das sieht ja furchterregend aus, das sollten Sie besser mal von einem Arzt anschauen lassen.“

★★★ **Auch nicht besser:** „Also, ich hab ja seit ein paar Tagen dieses komische Stechen in der Leistengegend ...“

★★★ **Ganz gut:** „Erinnern Sie sich zufällig an diese uralte Folge von ‚Emergency Room‘? Da gibt es diese köstliche Szene, in der ein Angehöriger im Wartebereich marodiert ...“

Ein ausladendes Gespräch wird sich angesichts der starrenden Mithörer wahrscheinlich nicht ergeben – irgendwann wird einer von Ihnen auch endlich mal dran sein und das Wartezimmer verlassen dürfen. Seien Sie also in diesem Fall recht direkt und geben Sie ihm, sobald er oder Sie aufgerufen werden, Ihre Visitenkarte und sagen so was wie „Wenn Sie Lust haben, an einem angenehmeren Ort weiterzuplaudern, melden Sie sich gern" oder „Falls Sie nicht unheilbar krank sind und bald sterben, melden Sie sich mal". Hat er ein bisschen Humor, wird er das charmant finden. Vielleicht ist er auch Hypochonder und hat sich aus Dankbarkeit für die Ablenkung bereits unsterblich in Sie verliebt.

FAMILIENFESTE

Hochzeiten sind schon schlimm genug, aber eine noch größere Zumutung stellen für Singles Familienfeste dar, die Anlässe wie Omas 80. Geburtstag oder eine goldene Hochzeit zelebrieren. Denn traditionellerweise sind die Verwandten in der Überzahl, was bedeutet, dass der Kreis der potenziellen Traummann-Kandidaten oft auf eine verschwindend geringe Zahl schrumpft. Als ob das nicht schon schlimm genug wäre, gibt es zudem einige Prototypen der buckligen Verwandtschaft, die Sie auf ihre ganz eigene Weise belästigen werden ...

Der furchtbare, fruchtbare Cousin

Nach dem fünften Schnaps beglücken Sie ihn unvermeidlich mit Ihrem Lieblingswitz: „Und, habt ihr noch andere Hobbys?" Immer wieder lustig! Der fruchtbare Cousin ist kaum über 30, erfolgreicher Jurist und hat dennoch schon mindestens vier Kinder gezeugt. Sie ähneln wie ein Klon dem anderen, haben kleine Dirndl und Lederhosen an und für Oma mindestens ein

Stück auf der Querflöte, ein Gedicht oder einen Sketch vorbereitet. Seine Frau trägt eine strenge Hochsteckfrisur und hat wegen der immensen Kinderschar – die angesichts ihres Kugelbauchs über den sie ständig andächtig streicht, demnächst erweitert wird – ihren Job als Ärztin erst mal an den Nagel gehängt. Die beiden halten Sie für eine Frau, die nicht in der Lage ist, Verantwortung für sich und andere zu übernehmen, und orientierungslos durch ein verlottertes Singleleben irrlichtert. Mindestens viermal am Abend fällt die Frage: „Und, was machen die Männer?“

Der penetrante Onkel

Er ist ein Wiedergänger von Bridget Jones' Onkel Geoffrey, der ihr ständig an den Hintern grapscht und mit dem Zeigefinger die Pendelbewegungen einer Uhr nachmacht und dazu „Tick-tack“ flötet. Er macht sich nun mal Gedanken um Ihre biologische Uhr und brüllt schon beim Ankommen: „Sag bloß, du bist schon wieder allein gekommen?!“

Eltern, die es „nur gut meinen“

Sie versuchen, es zu vertuschen, aber das gelingt ihnen nur leidlich: Ihre Eltern haben panische Angst, alt und grau und ohne Enkelkinder zu sterben. Deshalb raunt Ihre Mutter Ihnen zu, ob Sie nächstes Mal den Robert, den Sohn ihrer Freundin Gisela, einladen soll, der sei auch noch alleinstehend und „ganz solide, arbeitet fest angestellt bei Siemens“. Die Krönung: Irgendwann flüstert Ihre Mutter Ihnen zu ob Sie es nicht mal mit einer Online-Kontaktanzeige versuchen wollen, „die Gisela meinte, da gibt es doch mittlerweile dieses Internet ...“

Klingt schlimm, ist es auch. Machen Sie sich die Feier mit ein paar Gläsern Sekt erträglicher und schauen Sie sich genau um. Womöglich ist Ihr männliches Pendant anwesend, das ähnliche Qualen ertragen muss. Stellen Sie jedoch sicher, dass Sie nicht miteinander verwandt sind. Wobei: Eheschließungen zwischen Cousins und Cousinen sind in Deutschland erlaubt. Vielleicht halten Sie sich doch besser an den Alleinunterhalter hinter dem Keyboard oder das männliche Servicepersonal, das Ihnen am Buffet die riesigen Alubehälter aufstemmt, um Cordon bleu herauszufischen.

MASSNAHME IHRES JOBCENTERS

Falls Sie keinen Job haben und von Ihrem Jobcenter ständig genötigt werden, an komplett überflüssigen Maßnahmen wie Bewerbungstrainings mit Rollenspielen teilzunehmen – schlimm genug. Diese Zusammenkünfte können Sie aber nutzen, um Kontakte mit Leidensgenossen zu knüpfen! Wenn Sie eher in die Kategorie „Berechnende“ fallen, brauchen Sie diesen Abschnitt natürlich nicht zu lesen, denn im Normalfall werden Sie hier nicht auf den erfolgreichen Chef eines Großkonzerns treffen. Muss ja nicht sein! Es reicht doch vielleicht, dass er nicht den ganzen Tag im Unterhemd „RTL II“ glotzt und um elf Uhr das erste Bier aufmacht. Und: Zeit haben Sie auch beide! Schlagen Sie interessant wirkenden Männern aus Ihrer Gruppe einfach vor, danach noch einen Kaffee trinken zu gehen. Oder sich noch gemeinsam in den Park zu setzen, falls Sie nach einem kostenlosen Programm suchen.

Knüpfen Sie Kontakte mit Leidensgenossen

SCHEINBAR ZUFÄLLIGE GELEGENHEITEN

TAG 17 BIS 21

Solche Gelegenheiten sind herrlich: Ganz bestimmt sind Sie nicht die Einzige, die sich an den im folgenden beschriebenen Orten einfindet, um unauffällig einen Partner abzugreifen. Alle tun aber so, als sei ihre Hauptbestimmung eine ganz andere – beispielsweise tanzen, Makramee-Eulen basteln und so weiter. Sie können also ganz entspannt an die Sache rangehen, obwohl wir uns in beängstigendem Tempo Tag 30 nähern. Am Ende dieser Lektion findet sich übrigens eine ausführliche Anleitung für alle Frauen, die schon Kinder haben, aber immer noch auf der Suche nach einem Traummann sind. Ein paar klassische Fehler gilt es da nämlich unbedingt zu vermeiden.

IM TANZKURS
die Hüftsteife überwinden

Tanzkurse beziehungsweise Tanzschulen, da sind wir uns hoffentlich einig, sind an und für sich Orte des Grauens. Tanzkurse laufen nicht selten auf eine ungesunde Mischung aus Entblößung, Demütigungen und Fremdschämen hinaus. Unbedingt dazu gehört ein Tanzlehrer namens Uwe, dessen Taille man mühelos mit beiden Händen umklammern könnte, der ein bis zum Nabel aufgeknöpftes Seidenhemd mit enormen Volants trägt und im schlimmsten Fall manchmal hinter seinem Mini-Keyboard steht und „vor, zurück, seit, tip!" brüllt.

Tanzschulen sind außerdem eine Zumutung für jeden Jugendlichen – vielleicht erinnern auch Sie sich mit Schaudern an Ihren persönlichen Super-GAU: Sie mussten mit einem anderen Mädchen ein gleichgeschlechtliches Restpaar bilden oder

Sie mussten mit Ulf-Thorsten mit der festen Zahnspange und den daumendicken Brillengläsern tanzen (und später natürlich mit seinem Vater, der seine prankenähnlichen Hände eindeutig einen Tick zu fest in Ihr Pofleisch grub). Tage später waren sämtliche Erinnerungen an Rumba und Cha-Cha-Cha ausgelöscht. Den einzigen Tanz, den auch Sie wahrscheinlich heute ausschließlich beherrschen, ist der sogenannte „Klammerblues", bei dem die einzige Herausforderung darin besteht, dem Tanzpartner nicht auf die Füße zu treten, während man den eigenen Körper nach links und rechts wanken lässt. Kein Wunder – als Teenager haben Sie jahrelang die meisten Wochenenden damit verbracht, in muffigen, holzgetäfelten Partykellern zu „Reality" von Richard Sanderson eine einigermaßen passable Klammerblues-Performance hinzulegen.

Jetzt sollten Sie diese teils grausamen Jugenderinnerungen jedenfalls umgehend aus Ihrem Gehirn verbannen, denn Tanzkurse sind heute eine hervorragende Undercover-Singlebörse. Und der Tanzkurs bietet noch weitere Vorzüge ...

GERUCHSTEST

Die sogenannte „Körperchemie" kann während eines Tanzkurses diskret kontrolliert werden. In der Regel kommen Sie Ihrem Tanzpartner so nahe, dass Sie seinen Geruch überprüfen können – und das in einer Stresssituation, die so ein Tanzkurs ja auch darstellt, schließlich kostet es ungeheure Kraft, den gebrüllten „Seit, tip"-Kommandos von Uwe Folge zu leisten. Sie können also gleich austesten, ob Sie seinen „Stressschweißgeruch" ertragen.

Die Wahl des richtigen Tanzkurses
Gehören Sie zu denen, die gerne etwas mehr Feuer und Frivolität in ihren grauen Alltag bringen wollen, dann sind für Sie am besten: Tango, Salsa.
Wenn Sie Tanzkurse eigentlich peinlich finden und alles mit dem Attribut „südamerikanisch" und „feurig" Beklemmungen auslöst, entscheiden Sie sich für coolere Varianten: Charleston, Swing, Lindy Hop.

KÖRPERKOORDINATION ÜBERPRÜFEN

Nicht wenige Männer behaupten, anhand des Tanzstils einer Frau zweifelsfrei voraussagen zu können, ob die ein verklemmtes Mauerblümchen oder eine Kanone im Bett ist. Das klingt ziemlich sexistisch, und Studien zum Thema gibt es eher nicht. Tatsächlich könnte da aber was dran sein, und das gilt für beide Geschlechter. Wer auf der Tanzfläche gern aus sich herausgeht und offensichtlich mit viel Selbstbewusstsein seinen Körper verrenkt, dem traut man das im Bett eher zu, als jemandem, der ohne jegliches Rhythmusgefühl peinlich berührt von einem Fuß auf den anderen tritt.

Bei Frauen gebraucht man gern das Attribut „sexy", wenn sie ausgelassen und lasziv tanzen. Oft etwas peinlich kommt es hingegen rüber, sobald der Typ mit dem kurzärmligen Karohemd, dem Kugelschreiber in der Brusttasche und den praktischen Schnürschuhen mit steakdicker Gummisohle auftritt wie ein Latin Lover aus Buenos Aires. Für Männer ist es also schwer, auf der Tanzfläche irgendwas richtig zu machen, und das ist eine gute Basis: Alle Männer, für die Sie sich im Kurs zumindest nicht stark fremdschämen, sollten Sie im Auge behalten. Und die folgenden Typen – die Sie dort auch garantiert treffen – können Sie gleich links liegen lassen.

Der Überambitionierte

Protzt mit seinem Können und wirbelt Sie durch die Luft, dass Ihnen Hören und Sehen vergeht. Nachdem er Sie gewaltsam in eine Pirouette gezwirbelt hat, landen Sie erst mal mit einem deutlich hörbaren Plumps auf dem Hintern. Ihr Haar ist anschließend wirr, und Sie können nicht mehr gut geradeaus gucken. Womöglich lässt sich von seinem Tanzstil auf eine gewisse Rücksichtslosigkeit schließen.

Der Bedächtige

Er entschuldigt sich ständig mit weicher Stimme. Oder erkundigt sich, ob es so in Ordnung sei – wie Ihr Friseur, der die Wassertemperatur beim Haarewaschen reguliert. Seine Hand liegt immer sehr schlaff in Ihrer.

Der Vorbereitete

Kaut ständig auf einem Tic Tac oder Lutschbonbon herum, um auf gar keinen Fall schlechten Atem zu haben. Hat die Choreografie zu Hause auswendig gelernt und kommt auch sonst wie ein ziemlicher Streber rüber.

KINO

Aus diesen Filmen können Sie einiges übernehmen:

- „Dirty Dancing“
- „La Boum – Die Fete“
- „Flashdance“
- „Grease“

- „Pulp Fiction" – die berühmte Tanzszene von John Travolta und Uma Thurman im „Diner"
- „Saturday Night Fever"
- „Staying Alive"
- Achten Sie stets auf ein angemessenes Stretching vor jeder Einlage, um Verletzungen zu vermeiden.

ANLEITUNG FÜR DIE PRAXIS – IHRE STRATEGIE

Das Prinzip ist einfach: Sie beeindrucken durch die Art, wie Sie Ihr duftendes Haar lachend nach hinten werfen, durch den adretten Schwung, mit dem Sie Ihren zierlichen Hintern durch die Choreografie schaukeln, Ihr unerhörtes Rhythmusgefühl. Die meisten Tanzschulen haben eine integrierte Bar, die nach dem Kurs zum eigentlichen Balzschauplatz wird. Diese Bars sehen aus wie Relikte aus den späten 80er-Jahren, mit scheußlich lila-türkis gepolsterten Barhockern und einer Barfrau hinter der Theke, die Uschi oder Ute heißt und eine Stimme besitzt, mit der man Möbel abschmirgeln könnte. Lassen Sie sich von dieser unwirtlichen Atmosphäre aber bloß nicht abschrecken. Uschi beziehungsweise Ute kennt ihre Pappenheimer und wird ihrem Job hinter der Theke mit der notwendigen Diskretion nachgehen.

Wenn Ihnen ein Tanzpartner gefallen hat, fragen Sie ihn einfach, ob er Lust hat, mit Ihnen anschließend noch was an der Bar zu trinken. Nichts leichter als das. Das erste gemeinsame Gesprächsthema haben Sie bereits: Nämlich, wer von beiden sich gerade blöder angestellt hat, oder gemeinsames Lästern über das Volanthemd von Tanzlehrer Uwe – sofern Uwe nicht auch am Tresen sitzt und erschöpft den dritten Gin Tonic innerhalb einer Viertelstunde bestellt.

IN DER VOLKSHOCHSCHULE

den richtigen Kurs einschlagen

Die Volkshochschulen bieten einen nahezu perfekten Nährboden, um kostengünstig etwas Neues UND parallel dazu Ihren Traummann kennenzulernen. Die VHS ist wohl der argloseste und unverdächtigste Ort, den man sich vorstellen kann, denn die Teilnehmer dort wollen etwas lernen, und das aus den unterschiedlichsten Motiven, dazu später mehr. Nachdem Sie aber in die VHS sollen, um Ihren Traummann zu finden, müssen Sie Ihre eigentlichen Präferenzen für einen bestimmten Kurs in den Wind schlagen. Sie wollten schon lange mal lernen, wie man Makramee-Eulen selber macht? Vergessen Sie's. Sie werden sicher einsehen, dass die Chancen, geeignete Männer (oder überhaupt Männer) kennenzulernen, in anderen Kursen eindeutig höher sind.
Besorgen Sie sich eine Übersicht des Kursangebots Ihrer nächstgelegenen VHS und studieren Sie das Programm, immer mit den beiden Grundfragen im Kopf:

- ★ *Welcher Kurs wird mit großer Wahrscheinlichkeit von vielen Männern besucht?*
- ★ *Von welcher Art Männern wird dieser Kurs besucht?*

Typische Frauenkurse wie Stricken, Nähen, Häkeln, Blumenstecken etc. überblättern Sie bitte sofort. Nein, das ist kein Klischee- und Rollendenken. Für alle, die emanzipatorisch und geschlechterneutral verbissen argumentieren: Seien Sie ehrlich – was würden Sie von einem Mann denken, der seine Dienstagabende mit „Das Korsett – als Dessous oder modisches Accessoire“ oder „Blumenstecken für jede Festivität“ verbringt? Nutzen Sie alle Fertigkeiten, die Sie in den vorangegangenen Kapiteln erlernt haben. Ins Gespräch zu kommen wird Ihnen extrem leicht fallen, das Thema drängt sich ja geradezu auf: der gemeinsame Kurs und die gemeinsame Leidenschaft für was auch immer – und seien es die „Fruchtbarkeitstänze der westaustralischen Aborigines“.

ÜBERSICHT: KURSE UND CHANCEN

Das mit den Fruchtbarkeitstänzen war natürlich ein Scherz. Damit Sie auf keinen Fall im falschen Kurs landen, hier unser ausführlicher Fahrplan für die korrekte Kurswahl:

Ganz gut

„Italienisch für Anfänger“: keine so schlechte Option. Sie müssen allerdings drauf hoffen, dass jüngere Italienliebhaber für die nächste Radreise nach Sizilien üben wollen. Wenn Sie Pech haben, rüsten Mitte 60-jährige Silberrücken, nämlich Akademiker in Rente, die sonst die Uniseminare blockieren, für den nächsten Toskanaaufenthalt auf.

Eher zweifelhaft

„Raku – Keramik aus dem Feuer“: Fragen Sie sich, was das für Leute sind, die ihren Feierabend ganz gezielt mit dem Erlernen japanischer Ton-Brenntechniken verbringen.
Ähnliches gilt für Kurse wie diese: „Aktmodellieren“, „Planetentanzen“, „Statusverhalten in Beruf und Alltag“, „Wir sind von Kopf bis Fuß auf Singen eingestellt“ und „Gewaltfreie Kommunikation – wie geht das?“.

Besser

„Projektmanagement“, „Grundlagen erfolgreicher Mitarbeiterführung“, „Effektives Stressmanagement für Führungskräfte/Manager“ und „Risiko- und Krisenmanagement in Büro, Verwaltung und Organisation“: Die Chance, hier im Leben stehende Männer kennenzulernen, scheint recht hoch. Wichtig: Um plausibel erklären zu können, warum Sie zum Beispiel als Freiberuflerin ohne jegliche Angestellte einen Kurs für Mitarbeiterführung belegen, bedarf es ein bisschen Fantasie. Vielleicht erfinden Sie zumindest einen Praktikanten.

Empfehlenswert

„Traumhafte Desserts“, „Leckerbissen aus Dubai“ und „Sushi und Sashimi“: Gute Aussichten, einen Genussmenschen aufzugabeln, haben Sie in allen Kursen rund ums Thema Essen. Generell sind Menschen, die gerne und gut kochen und essen, sympathisch. Aber auch hier gibt es feine Unterschiede:

- ★ *Eher nicht: „Brot backen mit Sauerteig und Hefe“*
- ★ *Nicht so gut: „Küchenlust statt Küchenfrust“. Hier werden Sie womöglich auf Dauerjunggesellen stoßen, die wegen übermäßigen Dosenravioli- und Plockwurst-Verzehrs erste Anzeichen von Skorbut zeigen und den Kurs von ihrer Sozialarbeiterin empfohlen bekommen haben.*

Nicht sooo toll

„Die Gesundheit geht durch den Darm“, „Sigmadivertikulitis – aktueller Stand der konservativen und operativen Therapie“: Um Sie nicht auf die Folter zu spannen – bei Letzterem handelt es sich um eine Divertikelentzündung des Krummdarms.

Interessant – wenn Sie auf Naturfreaks stehen
„Von Schnecken, Asseln, Würmern und anderem Getier" und „Richtige Düngung in Ihrem Garten".

Sehr interessant – falls Sie einen Praktiker suchen
„Survival-Kurs": *„Feuer machen unter erschwerten Bedingungen, Bau von Notunterkünften, Wasser gewinnen und aufbereiten, Psychologie in Extremsituationen, Survival-Kits, Präventivmaßnahmen, Nahrung aus der Natur, überwinden von Hindernissen, Floßbau."* [3]
Sie wissen ja, in Notsituationen kommt man sich näher. Feuchte Nächte im Zelt müssen Sie wohl oder übel in Kauf nehmen.

Auch interessant – wenn Sie Intellektuelle mögen
„Politisches Videobloggen mit YouTube" (Sie müssen in der Vorstellungsrunde ja nicht unbedingt erwähnen, dass Sie YouTube eigentlich ausschließlich nutzen, um lustige Tiervideos mit niedlichen Pandababys anzugucken.), „Woher kommen wir, wohin gehen wir?", „Friedrich Schiller über die ästhetische Erziehung des Menschen", „Nichts und Intensität": *„Ist das Nichts, wie Hegel meinte, nur ein besonders abstrakter Begriff, jenseits aller Erfahrbarkeit? Oder vermögen es intensive Gefühle wie Angst und Lust, einen Zugang zu Nichts zu eröffnen? Ausgehend von Schelling, Heidegger und Sartre behandelt dieser Kurs sowohl die geschichtliche Bedeutung der Frage nach dem Nichts als auch deren existenzielle Dimension."* [4]
Aber beschweren Sie sich später nicht, wenn er Sie am Wochenende mit einer fünfstündigen Inszenierung von Wagners „Tannhäuser" quält, statt mit Ihnen die Mottoshow von „Deutschland sucht den Superstar" zu gucken. Man kann halt nicht alles haben.

EXKURS: UNI

Eine Variante, falls Sie auf jüngere Männer stehen: Schleichen Sie sich als nicht registrierte Gasthörerin an der nächstgelegenen Uni am Institut Ihrer Wahl in Vorlesungen oder Seminare ein. Prüfen Sie vorher genau, ob Sie Lust haben, in schmuddligen Studentenbuden erst ab zwölf Uhr zu frühstücken, mit kiffenden Mitbewohnern abends Sit-ins zu veranstalten und mehrmals pro Woche Minipizza zu essen – oder ob Sie aus dem Alter womöglich doch raus sind.

Tipp & Top

EXKURS: *Tipps für Mütter*

Sie wissen selbst, es ist hart: Viele Männer haben keinen Bock auf Frauen, die Kinder in die Beziehung mitbringen. Hier lässt es sich mal wieder evolutionsbiologisch begründen: Männer finden es nicht gut, wenn schon jemand anders seinen Samen da verstreut hat, wo er es vielleicht später selbst tun will. Ein unbestelltes Feld ist ihm bildlich gesprochen lieber als eines, auf dem schon was wächst. Männer haben einfach Angst, das Kind könnte ein Klotz am Bein sein, ständig dazwischenfunken und Probleme machen – was ja nicht immer falsch ist.

GLEICHGESINNTE TREFFEN

Eine interessante Option sind natürlich Männer, die selbst alleinerziehend sind und mit ähnlichen Schwierigkeiten zu kämpfen haben. Leider gibt es davon nicht allzu viele, weil Kinder nach der Trennung der Eltern meistens bei der Mutter landen. Erinnern Sie sich noch an den tollen Film „About a Boy"? Hugh Grant spielt darin Will, einen notorischen Junggesellen, der einen Sohn erfindet, um in einer Gruppe alleinerziehender Eltern Frauen aufreißen zu können. Will hat die Erfahrung gemacht, dass alleinerziehende Mütter chronisch unter Sexmangel leiden und daher leichte Beute sind. Achten Sie in solchen Gruppen auf Fakes.

So reißen Sie Väter ohne Kinder auf

Eine andere Variante: Sie können es natürlich Will gleichtun und sich auch ohne Kind in eine solche Gruppe einschleichen, um alleinerziehende Männer klarzumachen. Bedenken Sie aber den immensen Aufwand, den es bedeutet, ein Kind samt Biografie lückenlos zu erfinden.

TIPPS FÜR DEN SPIELPLATZ

Das Problem: Die Konkurrenz ist extrem groß. Nachdem Männer auf dem Spielplatz nach wie vor Mangelware sind, werden Sie nicht die Einzige sein, die sich für die vereinzelten Exemplare interessiert. All die Mütter in festen Beziehungen, die gelangweilt vom Muttersein nichts gegen einen kleinen Flirt einzuwenden hätten, werden Ihnen ins Gehege kommen. Ein weiteres Problem: Die meisten Männer auf dem Spielplatz sind wahrscheinlich junge Väter in Elternzeit mit weiblichem Anhang. Hier gilt es, ein Gespräch von Mutter zu Vater anzubahnen, um in Erfahrung zu bringen, ob sich die Sache lohnt – nichts einfacher als das: „Und wie alt ist Ihrer?" Dann: „Und wie haben Sie beide sich die Elternzeit aufgeteilt?" etc.

Ebenfalls eignen sich Männer, die schon Kinder haben und von deren Mutter getrennt leben. Selbst wenn die Kinder nicht bei ihm wohnen – sie sind ein Topgesprächseinstieg, besonders wenn Ihre und seine Kinder in etwa im selben Alter sind. Doch wo trifft man solche Männer? Ein guter Ort ist dafür wieder die VHS oder Ihr lokales Familienzentrum: Buchen Sie zum Beispiel den Kurs „Gebrauchsanweisung Pubertät" und hoffen auf männliche Teilnehmer aus kaputten Familien.

KINDERLOSE MÄNNER DATEN

Die wichtigste Frage ist, wann Sie Ihr Kind zum ersten Mal präsentieren. Falls Sie das Glück haben, Mutter eines Kindes zu sein, das überdurchschnittlich süß ist und jedes Männerherz zum Schmelzen bringt – super! Haben Sie allerdings einen 16-Jährigen mit Akne und unkontrollierten Testosteronschüben zu Hause, der jeden Mann als Eindringling und unliebsame Konkurrenz betrachtet und ihm das Leben zur Hölle machen wird, ist die Sache komplizierter. Vielleicht haben Sie ja schon mal über ein Internat nachgedacht?

VORSICHT

Hüten Sie sich vor der klassischen Falle, in die alle Eltern gerne tappen:

> Es macht ja nichts, dass Sie ein Kind haben. Aber machen Sie nicht den Fehler aller Mütter, ständig öde Geschichten Ihrer Kinder zu erzählen: „Und dann hat Leonie sich doch tatsächlich mein Handy geschnappt und es irgendwie geschafft, eine SMS zu verschicken ..." So was schreckt Männer ab! Frauen übrigens auch. Das langweilt. Frauen, die mit dem Erzeuger ihrer Kinder noch zusammen sind, kann das egal sein, Ihnen allerdings nicht.

> Also erzählen Sie Geschichten nur, wenn sie wirklich lustig oder spektakulär sind (ist Ihr Kind zum Beispiel mal im Zoo ins Krokodilbecken gefallen oder wurde es aus der Säuglingsstation entführt, dürfen Sie das gern erzählen).

> Reden Sie auf keinen Fall zu viel vom Vater des Kindes. Die Wortkombinationen „Leons Erzeuger“ oder „mein Ex“ haben im Gespräch nichts zu suchen. Und jammern Sie schon gar nicht darüber, dass Leons Erzeuger zu wenig Alimente bezahlt.

TRAUMMANN ERZWINGEN

TAG 22 BIS 28

Jetzt wird es langsam eng. Verdammt eng. Sie haben Ihren Traummann in allen nur erdenklichen Situationen bisher nicht gefunden? Das kann passieren, machen Sie sich deshalb trotzdem keinen Kopf. Dann greifen wir jetzt eben zu etwas handfesteren Methoden.

BEIM ONLINEDATING

kann aussortieren nicht schaden

GRUNDSÄTZE

Damit Sie keinesfalls zu früh verzweifeln und aufgeben:

> Im Internet tummeln sich unglaublich viele Freaks. Das gilt genauso fürs Dating im Internet.

> Stellen Sie sich also darauf ein, sich durch ziemlich viel Schrott zu wühlen, um zu finden, wonach Sie suchen. Aber das kann ja durchaus mal unterhaltsam sein.

> Wählen Sie nur seriöse Anbieter. Seiten wie bumskontakte.de sind vielleicht eher nicht das, was Sie suchen.

> Suchen Sie zielgruppenorientiert. Es gibt beispielsweise spezielle Onlinedating-Portale für Menschen mit Kindern, Menschen mit viel Geld etc.

IHRE ANZEIGE

Gestalten Sie Ihre Anzeige gemäß Ihrem üblichen Internetverhalten. Schreiben Sie Briefe immer noch mit Ihrem alten Montblanc-Füller auf handgeschöpftem Büttenpapier? Wissen Sie immer noch nicht so richtig, wie man eine SMS schreibt und betreiben Sie Ihr Internet nach wie vor mit dem 56-K-Modem?

Macht ja nichts, Ihr Text fürs Onlinedating sollte dann aber ebenso klassisch ausfallen.

Sind Sie aber eher der Typ, der zu jedem nur erdenklichen Problem – Schilddrüsenunterfunktion, Auto macht komische Geräusche, Flugrost in der Waschmaschine – das entsprechende Forum aufsucht, dort mit Abkürzungen („Schidrü" für Schilddrüse) um sich wirft und inflationär Emoticons abfeuert, dürfen Sie das in Ihrer Anzeige auch tun, das ist schließlich nur authentisch. Und Sie kriegen garantiert nur Antworten von Männern, die einen ebenso verschwenderischen Emoticonverbrauch und Abkürzungswahn pflegen.

Wer wiederum zu den Montblanc-Nutzern zählt, wird ohnehin nur solche Antworten in Erwägung ziehen, die weder schwitzende noch blumenwedelnde Smileys, weder Inflektive wie *kopfkratz* und *grins* noch infantile Abkürzungen wie „rofl" (rolling on floor laughing) oder hdgdl (Hab dich ganz doll lieb) enthalten. Sondern solche, die mit „Liebe" oder „Verehrte" beginnen. Insofern kann hier jeder schon mal schön die Spreu vom Weizen trennen.

IHR USERNAME

Unterdrücken Sie Ihren Drang, schon mit der Wahl Ihres Usernamens etwas aussagen zu wollen. Namen wie etwa „Leckermaeulchen79" oder „Rubensfrau" liefern Informationen (ist verfressen/ist zu dick), die Sie erst mal für sich behalten sollten. Niedlich gemeinte Usernamen wie „Kuschelbiene" und „Supermaus" sind sowieso blöd – fragen Sie sich umgekehrt einfach, was Sie von jemandem halten, der sich „Bussibaer2011" nennt. Unser Vorschlag: Monika1977. Schön schlicht.

FOTO UND ÜBERSCHRIFT

Der schon öfter in diesem Ratgeber thematisierte „Innere Werte"-Idealismus ist hier wieder fehl am Platz. Ohne knackige Überschrift und ein vorteilhaftes Foto werden Sie einfach überblättert beziehungsweise weggeklickt. Enthält Ihr Gesuch kein Foto und Sie erhalten trotzdem eine Antwort, finden Sie es bitte auf keinen Fall verdächtig und oberflächlich, wenn er sofort nach einem Foto fragt. So läuft das Geschäft nun einmal.

Ein vorteilhaftes Foto garantiert Erfolg bei ihm

Eine geeignete Überschrift ist eine verdammt schwierige Sache, weil beinahe alles total beknackt rüberkommt. Ein bisschen selbstironische Ansagen wie „Augen zu und durch" oder „Von nichts kommt nichts" sind vielleicht noch besser als pathetische Aphorismen wie „Glück ist das Einzige, das sich verdoppelt, wenn man es teilt".
Ganz schlimm: Frech Gemeintes wie „Wer mich haben will, muss hartnäckig sein wie ein Bauer, der weiß, dass es zum Düngen der Felder nicht reicht, durch die Zaunlatten zu furzen." Überlegen Sie, ob Sie wirklich Männer kennenlernen möchten, die sich von so was nicht abschrecken lassen. Aber das ist natürlich Geschmackssache, Sie sollen hier nicht entmutigt werden. Falls der Spruch mit dem Zaun und dem Furzen Ihrem Humor entspricht oder Sie ein Faible für nachdenkliche Sinnsprüche haben („Eine kalte Hundeschnauze ist erstaunlich warm gegen die Kaltschnäuzigkeit vieler Menschen"), dann schreiben Sie es ruhig. Wie auch bei Ihrem Schreibstil gilt hier das Prinzip, dass Sie so Männer anlocken, die, was Sprache betrifft, einen ähnlichen Geschmack haben.

IHRE HALTUNG

Schlagen Sie keinesfalls einen larmoyanten Ton an. Hatten Sie beispielsweise in den letzten Jahren immer Pech mit Männern? Schließlich wurde noch Ihre Mutter krank und Sie mussten sie bis zu ihrem Tod pflegen, und Ihre neue Frisur sieht auch scheiße aus? Tut uns wirklich leid für Sie, damit sollten Sie fremde Menschen allerdings erst mal nicht belästigen. „Das Leben hielt zuletzt einige schwere Prüfungen für mich bereit“ geht gar nicht – Sie werden sofort als depressives Wrack aussortiert. „Nach einigen Enttäuschungen bin ich jetzt wieder bereit und offen für die große Liebe“ ist ebenfalls schon zu viel. Lassen Sie Ihre Vergangenheit aus dem Spiel.

Betrachten Sie die Anzeige als eine Art Werbekampagne für sich selbst, treten Sie also nicht zu bescheiden auf, tragen Sie aber auch nicht zu dick auf. „Meine Freunde finden, ich sei abenteuerlustig, wunderschön, humorvoll, witzig, der Mittelpunkt jeder Party und eine wundervolle Zuhörerin“ ist eindeutig zu viel des Guten.

Trick

Behaupten Sie nicht einfach, total charmant und humorvoll zu sein, sondern kommen Sie so rüber. „Vielleicht hast du auch Lust, dich zu zweit schon während des gemeinsamen Kochens mit Weißwein zu betrinken?“ So was in der Art ist nicht schlecht. Sie zeigen, was Sie gerne mögen, und er kann sich einigermaßen vorstellen, wie Sie sich die Zweisamkeit ausmalen. Schreiben Sie, was Sie gerne tun, welche Leidenschaften, Hobbys, Werte Sie haben.

DON'TS

Ein paar Verhaltensweisen und Spleens sollten Sie tunlichst unterdrücken:

- Auf kurz und knapp gehaltene Anzeigen einen Roman schreiben. Ihre Antwort sollte immer dem Stil der Anzeige entsprechen. Geben Sie nicht mehr preis, als in der Anzeige steht, aber auch nicht weniger.
- Selbst wenn es den Ästheten und Klugscheißern unter Ihnen in den Fingern juckt: Verzichten Sie darauf, seine Rechtschreibung zu korrigieren.
- Gehen Sie nicht davon aus, dass sich ständig Männer bei Ihnen melden – die Konkurrenz ist einfach riesig. Sie müssen sich schon selbst ein bisschen die Hände schmutzig machen und aktiv werden.
- Verschicken Sie keine standardisierten Mails, die so klingen, als würde sich ein Großkonzern für die eingegangene Bewerbung bedanken und um etwas Geduld bitten. Greifen Sie gezielt die Informationen in seinem Profil auf.
- Lavieren Sie nicht zu lange mit intensivem Mailverkehr herum, sondern vereinbaren Sie relativ zügig ein echtes Treffen. Nur dann können Sie wirklich erkennen, um was für einen Typ es sich handelt.

REALISTISCHE ANSPRÜCHE FORMULIEREN

„Es wäre schön, wenn du dich für Spiritualität und Ganzheitlichkeit interessierst und deine geografischen Vorlieben möglichst im Himalajagebiet liegen!“ Ja klar, und es wäre außerdem prima, wenn er Ihre Leidenschaft für „Bikram-Yoga“ teilt und es als Buddhist schon mindestens auf Erleuchtungsstufe vier geschafft hat. Ach, und für französische Porzellanmalerei der ersten Hälfte des 17. Jahrhunderts sollte er sich vielleicht auch noch begeistern ...

Verzichten Sie auf derart dezidierte Forderungen. Sie sortieren eine Unmenge Kandidaten von vornherein aus und kommen nicht sonderlich sympathisch rüber – eher wie jemand, der so anmaßend ist zu glauben, solche Ansprüche allen Ernstes stellen zu können. Lieber schreiben Sie, welche Serien Sie gerne gucken, was gerade Ihre größte Leidenschaft ist, was Sie lustig finden. Eigentlich ist nichts ein so guter Indikator wie die Frage, ob man über Ähnliches lachen kann.

WIE STARK DÜRFEN SIE FRISIEREN?

Sie tragen Kleidergröße 46, Ihr Po ist breiter als Ihr neuer LCD-Flachbildschirmfernseher, und Sie beschreiben sich als „zierlich"? Sie schreiben von Ihrem großen Interesse an Reisen auf den Spuren fernöstlicher Ming-Dynastien, und Ihre letzte Reise über die Bundeslandgrenze hinweg ging in den Thüringer Wald? Angeblich haben Sie dasselbe Golf-Handicap wie Franz Beckenbauer (9), und in Wahrheit muss sich Ihr siebenjähriger Neffe auf dem Minigolfplatz immer ganz schlimm für Sie schämen, weil Sie keinen Ball treffen? Bleiben Sie bitte auf dem Boden. Ein bisschen schwindeln ist natürlich total okay, im Lebenslauf bläst man ein Praktikum ja auch gern mal zu „freier Mitarbeit" auf. Aber denken Sie sich nichts aus, was Sie spätestens beim ersten nicht virtuellen Treffen in die Bredouille bringen würde.

VORSICHT

Den zahlzeichen Sonderlingen im Internet sollten Sie ausweichen:

> Männer, die immer, wirklich immer online sind. Das sind gern die Typen, die in einer mit Pizzaschachteln abgedunkelten Souterrainwohnung hausen. Außerdem bleich, mit zucken-

dem Auge und verkrümmtem Rücken in einem einer Schaltzentrale nachempfundenen Computerzimmer hocken, sich ausschließlich von Tiefkühlwaren sowie Chips ernähren und von der Außenwelt völlig isoliert sind.

> Sortieren Sie Antworten aus, die zweifelsfrei keinen Bezug auf den Inhalt Ihrer Anzeige nehmen – oder einen falschen Bezug, etwa „Dein Foto sieht echt hammergeil aus" (das gilt natürlich besonders, wenn Sie gar kein Foto eingestellt haben). Auch von Männern, die in Ihrer ersten Antwort nach einem Foto von Ihnen in Reizwäsche fragen oder sexuelle Vorlieben diskutieren möchten, sollten Sie vielleicht besser absehen.

CHECKLISTE FÜR DAS WEITERE VORGEHEN

Treffen vereinbaren

Telefonieren Sie vorher. So lassen sich Freaks schon früh genug erkennen. Sie werden am Telefon ein gutes Gespür dafür haben, ob Sie den Mann, zu dem diese Stimme gehört, treffen wollen. Macht er sehr lange Pause oder hören Sie leise Rubbel- und/oder Stöhngeräusche, lassen Sie es vielleicht lieber bleiben. Das gilt auch, falls er fragen sollte, was Sie gerade anhaben.

Den richtigen Ort wählen

Verabreden Sie ein Treffen an einem öffentlichen Ort, zum Beispiel im Café, Restaurant oder in einem Park, der auch von anderen Menschen regelmäßig besucht wird. Haben Sie das Gefühl, der Typ würde Sie am liebsten in seinen Wagen zerren und später in Salzsäure auflösen, brechen Sie ganz ruhig ab und gehen Sie.

Sicherheitsmaßnahmen treffen
Beliebt ist auch, einen Anruf einer Freundin zu vereinbaren und per vorher verabredetem Code eventuelle Rettung zu organisieren. „Prima, klar gehen wir morgen zum Langhanteltraining" könnte heißen „Alles klar". „Ich glaube, mir steht der Sinn morgen nicht so nach Langhanteltraining' könnte bedeuten „Komm sofort zufällig vorbei und hol mich hier raus."

Am Ball bleiben
Betrachten Sie Onlinedating als Ausdauersport. Erwarten Sie nicht von jedem Kontakt sofort einen baldigen Gang zum Traualtar, sondern üben Sie sich in Geduld. Es gilt die alte Flohmarktregel: Es ist ganz normal, sich erst mal durch ziemlich viel Ausschuss wühlen zu müssen, um auf etwas Brauchbares zu stoßen.

BEIM SPEEDDATING
auf gutes Tempo achten

Sie kennen das Prinzip, für das manche gern das schlimme Wort „Flirt-Quickie" benutzen? Nein? Macht nichts, es ist schnell erklärt: Etwa zehn Frauen und Männer nehmen an einer Runde Speeddating teil. Ein Paar sitzt sich jeweils gegenüber und hat ein paar Minuten Zeit, sich kennenzulernen. Ertönt ein Gong, wird aufgerückt, sodass man sich in einer anderen Partnerkonstellation gegenübersitzt – bis jeder mit jedem ein paar Minuten verbracht hat. Auf den ausgeteilten Bewertungsbögen kreuzt jeder an, von welchen seiner Gesprächspartner er gern die Kontaktdaten hätte. Nur bei Übereinstimmung, also wenn beide „Ja“ angekreuzt haben, werden die Daten rausgerückt, und man kann sich dann außerhalb dieses durchaus steif zu nennenden Rahmens verabreden.

Negativ Gesinnte meinen ja, Speeddating habe schon etwas sehr Verzweifeltes an sich, aber bitte: Wir befinden uns in gefährlicher Nähe zu Tag 30, und niemand kann die Vorteile leugnen. Wann haben Sie sonst schon mal die Möglichkeit, eine ganze Reihe von Männern in aller Kürze abzuhandeln? Beim Onlinedating verschwenden Sie eventuell wochenlang Ihre wertvolle Zeit, um am Ende herauszufinden, dass der selbsternannte Zwillingsbruder von Jake Gyllenhaal knapp über 1,50 Meter misst und aus dem Mund riecht wie die französische Bulldogge Ihrer besten Freundin. Gerade für pragmatische Frauen, die keine Lust mehr haben, Zeit zu verplempern, ist Speeddating also eine feine Sache. Aussehen, Größe, Dicke, Mundflora, Körpergeruch, Humor – all diese essenziellen Kriterien können Sie speedmäßig abhaken.

So lernen Sie
Ihren Traumann kennen

Das Wichtigste: Sie müssen Strategien entwickeln, anhand derer sich innerhalb weniger Minuten herausarbeiten lässt, ob sich weitere Mühen lohnen. Und die Situation – da dürfen Sie nicht die Augen verschließen – ist ein bisschen peinlich, denn jeder geht davon aus, dass der andere ziemlich verzweifelt auf der Suche sein muss. Keine Ausrede wird beim Speeddating so oft genutzt wie „Meine Freunde haben mir das eher so zum Spaß geschenkt“ oder „Mein Bruder hat mich gefragt, ob ich für ihn hingehen will, weil ihm was dazwischengekommen ist“. Ja sicher. Sehen Sie darüber gnädig und souverän hinweg.

EIN GESPRÄCH IN GANG BRINGEN

Lesen Sie hierfür in Lektion 5 den Abschnitt „Exkurs: Goldene Regeln für den Small Talk“. Meistens wird nach Name, Alter und Herkunft und dann nach dem Beruf gefragt. Das ist gerade für die Berechnenden natürlich relevant, die Luft wird bei dem Thema allerdings nicht gerade sirren vor erotischer Spannung („Ich arbeite bei einem mittelständischen Unternehmen im Vertrieb, und du?“). Fragen Sie lieber nach Vorlieben oder denken Sie sich was Originelleres aus: „Wer hat sich zuletzt richtig über dich geärgert und warum?“ oder „Wen findest du lustig und warum?“.
Dazu gehört natürlich ein bisschen mehr Mut, aber es wird sich lohnen. An seiner Reaktion werden Sie sofort merken, ob der Typ eher bräsig ist oder eine gewisse Schlagfertigkeit und ein bisschen Witz mitbringt.

Wenn Sie mögen: Schmücken Sie sich mit fremden Federn und stellen Sie ein paar Fragen aus dem berühmten „Fragebogen“ von Max Frisch. Dies ist ein Ausschnitt aus Frischs Tagebuch, der zu einem schmalen Büchlein verarbeitet wurde. Darin stehen eine Menge Fragen, die teilweise verdammt kompliziert, manchmal ziemlich skurril und vereinzelt fast ein bisschen unheimlich sind – eine ideale Mischung also, um die Brauchbarkeit der Gehirnzellen Ihres potenziellen Traummanns zu überprüfen. Frisch fragt zum Beispiel, woran es liegt, dass man bisher noch keinen Menschen umgebracht hat, ob man von sich aus die Ehe erfunden hätte, Hass eine Hoffnung erzeugen kann, Humor nur aus Resignation entsteht und so weiter.

FRAGEN

Wer darauf etwas Brauchbares zu sagen hat, kriegt ein extra Fleißkärtchen:

> „Sind Sie sicher, dass Sie die Erhaltung des Menschengeschlechts, wenn Sie und alle Ihre Bekannten nicht mehr sind, wirklich interessiert? Warum? Stichworte genügen. (…)

> Wem wären Sie lieber nie begegnet? (…)

> Möchten Sie das absolute Gedächtnis?“ [5]

Wahrscheinlich werden die meisten erst mal ziemlich irritiert sein. Und dann wird es richtig spannend, was zurückkommt. Seien Sie nicht ungnädig. Vereinzelte „Ähs“ („Also wie war das, könntest du die Frage noch mal wiederholen?“) sind okay.

Ganz wichtig: Haben Sie eine Antwort parat, falls Ihr Gegenüber die Frage an Sie zurückgeben sollte. Es wäre also gut, eventuelle Fremdwörter im Text zu kennen. Und es wäre schön, wenn Sie auf Banalitäten verzichten könnten (nicht optimal: „Äh, absolutes Gedächtnis wär schon prima, ich vergess im Supermarkt ja immer die Hälfte einzukaufen ...“). Mit dem Speeddating aufhören sollten Sie auf jeden Fall, wenn ...

*... **Sie** von allen Teilnehmern mit Namen begrüßt werden.*
*... **Sie** einen Vortrag über sich selbst vorbereitet haben, von dem Sie zu Beginn jeder Runde Kopien austeilen.*
*... **Sie** jeden neuen Kandidaten keines Blickes würdigen, sondern mit gezücktem Stift völlig abgestumpft „Name, Alter, Beruf, Kinderwunsch“ herunterrattern.*
*... **Sie** sich immer exakt 30 Sekunden vor Ende einer Runde sagen hören: „So, noch eine halbe Minute, wir sollten jetzt langsam zum Ende kommen.“*

VARIANTE: TELEFON-SPEEDDATING

Falls eben genannte Kriterien auf Sie zutreffen, können Sie auf Telefon-Speeddating umsteigen. Diese Variante können Sie auch wählen, falls Sie bei einem direkten Gegenüber sofort stark zu schwitzen anfangen, unkontrolliert mit den Gliedmaßen zucken und/oder ein nervöses Flattern in einem Augenlid bekommen.

PER KONTAKTANZEIGE

Urgesteine aufstöbern

Falls Sie im Geiste oder in echt auf die 60 zugehen oder eher so der anachronistische Typ sind, der mit dem Internet nicht so viel anzufangen weiß, können Sie sich der Mutter aller Suchoptionen bedienen: der Kontaktanzeige. Geben Sie diese in der Tageszeitung Ihres Vertrauens auf und nutzen Sie natürlich unbedingt eine Chiffrenummer. Sie müssen damit rechnen, dass die Antworten handgeschrieben in Sütterlinschrift ankommen – die gedruckte Kontaktanzeige ist einfach mittlerweile eher was für verwitwete Männer im Rentenalter.

BEIM FERNSEHEN

die Hartgesottenen treffen

Wenn Sie eher so der offene Typ sind, der ohnehin schon immer mal ins Fernsehen wollte – „Sat.1“, „ProSieben“ und „RTL“ werden Sie mit offenen Armen empfangen. Je nach Verzweif-

lungsgrad bieten sich Sendungen wie diese an: „Bauer sucht Frau", „Schwiegertochter gesucht", „Dating im Dunkeln", eventuell auch „Das perfekte Dinner".
Überprüfen Sie einfach das aktuelle Fernsehprogramm auf geeignete Sendungen, lassen Sie alle Hemmungen und Selbstachtung fahren und begeben Sie sich in die Hände skrupelloser Fernsehredakteure.

ERFOLGREICHES STALKING *für Hartnäckige*

„Stalking" klingt viel zu negativ. Ihnen liegt einfach viel an jemandem, und er hat bloß noch nicht erkannt, dass es ihm mit Ihnen genauso zu gehen hat? Dann helfen Sie ihm auf die Sprünge. Mit Nachdruck, aber ohne natürlich als komplett fanatische Irre rüberzukommen.
Sie haben hierfür einige Filmvorbilder, die Ihnen zeigen, wie es funktionieren kann, irgendwann allerdings auch mal kippt. Zwei Lehrfilme, wie man es NICHT machen sollte: „Eine verhängnisvolle Affäre" mit Michael Douglas und Glenn Close sowie „Fatale Begierde", ein ziemlich mieser 90er-Jahre-Thriller mit Kurt Russell.

VORSICHT

Woran Sie merken, dass Sie womöglich zu weit gegangen sind:

- Es befindet sich NATO-Stacheldraht rund ums Anwesen Ihrer Zielperson.
- Dobermänner bewachen den Garten Ihrer Zielperson.

- In einem Auto mit verdunkelten Scheiben, das vor seinem Haus parkt, sitzt den ganzen Tag ein Mann, der auffällig unauffällig Zeitung liest.
- Neuerdings ist sein Haus mit einer Selbstschussanlage ausgestattet.
- Angehörige verlassen nur noch unter Begleitung von großen, stämmigen Männern das Anwesen.
- Am Kaninchenkäfig hängt ein Zahlenschloss.

DOS

Arrangieren Sie Ihr Aufeinandertreffen eher so, als würden SIE langsam das Gefühl bekommen, verfolgt zu werden – natürlich keck, kokett und flirty. Folgen Sie ihm also unauffällig, wenn er aus dem Büro kommt und in den Supermarkt geht, und inszenieren Sie ein zufälliges Aufeinandertreffen am Nudelregal: „Sie spionieren mir nach? Wie süß!"
Vielleicht merken Sie irgendwann: Der Schuss geht nach hinten los. Dann tun Sie unbedingt früh genug so, als wäre er derjenige, der nicht einsehen kann, dass Ihre Liebe keine Chance hat – schreiben Sie Briefe folgenden Inhalts: „Auch wenn du es gerne anders hättest, für mich ist das keine Option mehr mit uns beiden."

TAG DES DEKOLLETÉS *für wenig Zugeknöpfte*

TAKTISCH KLEIDEN

Am Anfang dieses Ratgebers sprachen wir ja schon einmal von den Reizen, auf welche die Männer reflexartig anspringen.

Dazu gehören vor allem die Brüste. Auch wenn Sie sich bisher immer dagegen gesträubt haben, Ihre weiblichen Reize derart offensichtlich auszuspielen: Jetzt ist der Zeitpunkt gekommen! Tragen Sie am besten nur noch Kleider, die Ihren Po und Ihre Hüften betonen – und tragen Sie ordentlich Holz vor der Hütte. Ein Push-up bewirkt Wunder. Wählen Sie Ausschnitte, die Ihr Dekolleté erfreulich in den Mittelpunkt rücken. Falls Sie sich zu ihm vorbeugen, sollte nichts herausfallen, ja, es sollte nicht mal die Gefahr bestehen, dass etwas herausfallen könnte. Nehmen Sie die Schultern zurück, das drückt die Brust automatisch nach vorne. Es gibt jemanden, der diesen Drahtseilakt zwischen billig und sexy zur Perfektion gebracht hat: Joan, die rothaarige Sekretärin in der amerikanischen Serie „Mad Men". Werden Sie also wie Joan.

Tipps zum Thema Körpersprache

Wenn Ihnen das alles nicht zu blöd ist: Verhaltensforscher sind der Meinung, dass es eine ganze Menge von scheinbar zufälligen Gesten und Selbstberührungen gibt, mit denen eindeutiges sexuelles Interesse signalisiert werden kann:

- ★ *Beine leicht öffnen.*
- ★ *Hand ans Dekolleté führen.*
- ★ *Lippen leicht öffnen und mit der Zunge die Lippen berühren.*

Aber übertreiben Sie um Gottes willen nicht. Geraten sämtliche anwesende Männer in Verzückung, weil sie zu der Überzeugung gelangt sind, hier würde gerade mit versteckter Kamera ein mindestens schlüpfriger Film gedreht, sind Sie wahrscheinlich einen Tick zu weit gegangen.

NOTFALL-PROGRAMM

TAG 29

Zunächst lassen Sie alle schlauen Tipps aus Lektion 1 („Überlegen Sie, was Ihnen wirklich wichtig ist") fahren. Vergessen Sie das einfach. Ihr neues Mantra: Wählerisch sein ist so was von gestern. Sie sind jetzt die Letzte auf der fast gesunkenen Titanic, Ansprüche müssen Sie über Bord werfen, um noch ins Rettungsboot zu kommen – mal bildlich gesprochen. Konnte ja keiner ahnen, dass Sie so eine harte Nuss sind. Ein bisschen Kompromissbereitschaft müssen Sie jetzt schon zeigen, ja?

Trick

SICH DEN MANN *schöntrinken*

War bei Ihren bisherigen Verabredungen zu viel Ausschuss dabei, verlegen Sie Ihre Dates ausschließlich auf den Abend. Am besten kommen Sie schon eine Viertelstunde früher und trinken das erste Glas Weißwein. Nicht nur die Welt sieht dann gleich viel schöner aus, sondern auch Ihr Date. Und über verunglückte Anfänge („Ich bin Torsten, Torsten ohne h, das ist moderner") sehen Sie gleich viel gnädiger hinweg, Sie werden sehen. Natürlich ist das Schöntrinken eine Taktik, die Sie auch zu anderen Tageszeiten anwenden können. Sie sollten sich aber vielleicht fragen, wie das bei ihm ankommt, wenn Sie zum gemeinsamen Frühstück Whiskey Sour ordern. Besser getarnt sind Sie definitiv mit einem Glas Prosecco („Sektfrühstück").
Natürlich muss Ihnen klar sein: Die Strategie lässt sich nur bedingt konsequent durchziehen. Sollten Sie irgendwann so weit sein, zum Frühstück einen Gin Tonic zu brauchen, Ihr Müsli

mit Batida de Côco aufzugießen oder dem Müslibestandteil „Rumrosinen“ eine gänzlich unangemessene Bedeutung zu geben, dann ist der richtige Zeitpunkt gekommen, um aufzugeben.

AUSWEG *Homosexualität*

Eine hervorragende Möglichkeit, die Auswahl an geeigneten Partnern von einem auf den anderen Augenblick zu verdoppeln.

VORTEILE

Ein Leben ohne Mann hat nicht zu unterschätzende Vorzüge:

- Nie wieder Socken in Ihrer Nähe, die riechen wie eine ungewaschene Pumaherde.
- Nie wieder abgeschnittene Zehennägel auf dem Badezimmerfußboden.
- Nie wieder „Diesen Sommer würd ich mit den Jungs gern sechs Wochen nach Norwegen zum Zelten fahren“.
- Nie wieder „Alarm für Cobra 11“.
- Nie wieder Bremsspuren auf der Toilette.
- Nie wieder „Aber wenn wir deinen Bausparvertrag auflösen, würde das mit dem Audi A6 finanziell schon hinhauen!“.
- Nie wieder Ärger, weil er schon wieder vergessen hat, am PC den Verlauf zu löschen („Keine Ahnung, wer ständig auf bumskontakte.de surft ...“).
- Nie wieder „Es stört dich ja nicht, wenn die Jungs nachher zum Fußballgucken vorbeikommen ...?“.

EINEN X-BELIEBIGEN TYPEN *zurechtbiegen*

GRUNDREGEL: SIE MÜSSEN NICHT IMMER HAARE IN DER SUPPE FINDEN!

Die Sache ist doch ganz klar, Sie haben Ihren Traummann bisher aus einem ganz bestimmten Grund nicht gefunden: Sie sind zu anspruchsvoll. Das ist ja prinzipiell schön und gut, bringt Sie jetzt aber nicht mehr zum Ziel. Und zum Trost: Gehen Sie doch mal sämtliche Partner und Ehemänner Ihrer Freundinnen durch. Garantiert ist kein Einziger dabei, den Sie spontan und uneingeschränkt als Traumtypen einstufen würden. Im Gegenteil, diese Männer liefern ein großes Potpourri aus Schwächen. Geheimratsecken, Bauchansatz, Jähzorn, Kleinwuchs, Stoffeligkeit, Arroganz und schlechter Kleidungsstil sind nur einige der Phänomene, die Ihnen sicher auffallen werden. Ihre Freundinnen sind deshalb sicher keine unzufriedenen Trauerklöße. Versuchen Sie einfach, unschöne Wahrheiten in positiverem Licht zu sehen ...

LERNWORTSCHATZ: SYNONYME

Fett	Kompakt
Ungepflegt	Naturbelassen
Karohemd, steakdicke Gummisohlenschnürschuhe	Legerer Kleidungsstil
Glotzt nachts Poolbillard	Sportbegeistert

Schmieriger Anzugträger	Achtet auf sein Äußeres
Choleriker	Lebhaftes Temperament
Notorisch untreu	Offen für Neues
Desinteressiert an Ihrem Leben	Lässt Sie Ihr Ding machen
Stopft nur Fertigfraß in sich rein	Unkomplizierter Esser

DOWNDATING IST BESSER ALS GAR KEIN DATING

Bestimmt haben auch Sie mindestens eine Freundin, die mit einer absoluten Niete zusammen ist. Doch was heißt Niete? Sie und Ihre anderen bösartigen Freundinnen nennen den Mann so, wenn Sie – natürlich ohne die Lebensgefährtin der Niete – bei einigen Gallonen Rotwein zusammensitzen und sich das Maul über dieses „Downdating" zerreißen. Der Unterschied zwischen Ihnen und der Nietenfreundin ist aber womöglich: Sie macht einen sehr glücklichen und ausgeglichenen Eindruck und hat zwei entzückende Kinder, währen Sie am Tag nach dem Lästerabend mit enormem Rotweinkater allein aufwachen. Was sagt Ihnen das? Aus jeder Niete kann der große Wurf werden. Sie brauchen nur guten Willen. Alles eine Frage der Haltung, ähm, Schönheit liegt eben im Auge des Betrachters, um mal einen abgedroschenen Spruch zu bringen. Ändern Sie Ihre Sicht auf die Dinge – hier ein paar Beispiele zum Üben.

BELIEBTE DENKFEHLER » FALSCH « vs. » RICHTIG «

» Er ist fett. «
» Schön, wenn man „Love-Handles" zum Festhalten hat. «

» Er hat Geheimratsecken. «
» Mit Glatze sieht er irgendwie kerniger aus als diese blöden Milchbubis mit ihren prätentiösen Britpop-Matten. «

» Er ist soziophob und findet meine Freundinnen scheiße. «
» Prima, dass ich mit meinen Mädels weiterhin so viel allein unternehmen kann. «

» Er ist ungepflegt und riecht. «
» Er ist nicht einer von diesen metrosexuellen Lackaffen. «

» Mit einem Mann, der „Alarm für Cobra 11" mit seinem DVD-Rekorder aufzeichnet, kann ich nicht zusammen sein. «
» Toll, dass ich durch ihn in ganz andere Sphären des Unterhaltungsprogramms eintauche. «

DEN FREUND DER FREUNDIN *ausspannen*

Pfui, wir fühlen uns natürlich total schlecht, weil wir so einen hinterhältigen Vorschlag in diesem Ratgeber aufgenommen haben. Aber Sie müssen mit harten Bandagen kämpfen, um ans

Ziel zu kommen, da können Sie nicht immer Rücksicht auf die Gefühle anderer nehmen. Das haben Sie Ihr bisheriges Leben lang sowieso schon immer viel zu sehr getan, nicht wahr? Es ist Zeit, Ihrer dunklen Seite mehr Beachtung zu schenken.

GRUNDSÄTZLICHES

Sie müssen sich natürlich im Klaren darüber sein: Allein der Versuch des Ausspannens ist strafbar. Ihre Freundin wird nie wieder etwas mit Ihnen zu tun haben wollen und Sie mit einer einzigartigen Anschwärzaktion für längere Zeit ins soziale Sibirien befördern. Wer einer Freundin den Freund ausspannt, der ertränkt auch Hundebabys – eine Tat, die von den niedrigsten überhaupt möglichen menschlichen Instinkten getrieben sein muss. Denken Sie also an die Folgen. Am besten bauen Sie sich schon einige Monate vorher einen kleinen Parallel-Freundeskreis auf, in den Sie flüchten können, falls Sie in der sozialen Verbannung landen.

IHRE TAKTIK

So spannen Sie Ihrer Freundin den Mann aus

Damit er auf Sie aufmerksam wird und sich freiwillig von seiner Freundin trennt, muss schon einiges richtig gut laufen. Schließlich kennt er Sie wahrscheinlich schon seit Jahren als die nervige Freundin seiner Freundin, die immer zu viel Aperol trinkt und sie auf blöde Gedanken bringt. In seinen Augen sind bestimmt Sie schuld daran, dass er auf romantische Pärchenwochenenden fahren muss und von ihr zu einem Tangokurs gezwungen wurde. Für Ihre guten Ratschläge („Also, wenn er dich wirklich liebt, dann wird er dir zuliebe Sachen machen, die dir wichtig sind“) wollte er Ihnen schon öfter den Hals umdrehen.

Am vielversprechendsten erscheint daher folgende Taktik: Sie wechseln ganz behutsam die Seiten. Unterschwellig beginnen Sie, den Verdacht zu schüren, seine Freundin würde Dinge tun, die ihm ganz und gar nicht gefallen dürften. Und bieten sich als Schulter zum Ausweinen an. Sie erwähnen beiläufig, dass Sie sie neulich beim Essen mit einem fremden Mann gesehen oder rein zufällig verdächtige SMS auf ihrem Handy entdeckt haben, und reagieren auf seinen entsetzten Blick mit: „Ups, hätte ich doch bloß nichts gesagt!"

VARIANTE

Sie engagieren jemanden, der Ihre Freundin und deren Partner auseinanderbringt. Sehen Sie sich als Inspiration unbedingt den Film „Der Auftragslover" mit Vanessa Paradis an. Wenn es Ihnen zu umständlich ist, erst einen Auftragslover zu engagieren, der sich um die Freundin kümmert, damit Sie sich anschließend an den Mann ranmachen, können Sie die Rolle der Auftragsloverin ja auch gleich selbst übernehmen.

Ihre Strategie

Finden Sie alles über seine Vorlieben heraus. Beobachten Sie außerdem, worüber Ihre Freundin und er sich streiten – auch kleine Nicklichkeiten und Genervtheiten sind wichtig! Praktischerweise sind Sie eine enge Vertraute Ihrer Freundin, sie wird Ihnen also ohnehin ihr Herz ausschütten. Trösten Sie scheinheilig und geben dann die falschen Tipps. Freunden Sie sich wenn möglich mit einigen seiner Kumpels an, indem Sie alle Eigenschaften herauskehren, die Männer an Frauen schätzen: unkompliziert, sexy, ein bisschen verdreckt, unkompliziert, sexy, ein bisschen verdreckt ... Dazu gleich einige Übungsbeispiele.

IHRE FREUNDIN SAGT	SIE SAGEN
„Er will einfach nicht verstehen, dass ich den Sonntag mit ihm allein verbringen will. Blöde Bundesliga!“	„Genau! Stell ihn vor die Wahl! Entweder die blöde Bundesliga oder du! Und Bier kaufst du aus Prinzip nicht mehr!“
„Ich würd mit ihm so gern öfter mal Sushi essen gehen, das entschlackt so schön ...“	„Wenn er dich wirklich liebt, dann soll er auf seine verdammten Steaks gefälligst verzichten!“
„Voll nervig, dass er am Badesee immer in den FKK-Bereich will.“	„Echt mies – das kranke Schwein will doch nur Fremdtitten glotzen!“
„Immer gibt's Streit in der Videothek. Ich mag halt gern französische Autorenfilme und hab keinen Bock auf Horrorkram.“	„Voll fies, dass er keine Rücksicht auf dich nimmt. ‚Night of the Living Dead‘ soll er sich gefälligst in die Haare schmieren.“

Während er also zunehmend genervt auf seine intolerante, spießige, verklemmte und klammernde Freundin reagiert, ist Ihr weiteres Vorgehen glasklar: Am Badesee sitzen Sie splitternackt und breitbeinig im FKK-Bereich und winken ihm zu, wenn er mit seiner Freundin die Handtücher im keuschen Bereich ausbreitet. Sind Sie mal alle zusammen essen, bestellen Sie die große Schlachtplatte und schieben blutige Fleischklumpen in Ihren Mund, derweil seine Freundin an ihrem Gartensalat kaut. Beiläufig erwähnen Sie, wie sehr Sie Splatterfilme der frühen 70er-Jahre schätzen und wie unglaublich begeistert Sie neulich waren, als auf „RTL II" Ihr absoluter Lieblingsfilm „Dawn of the Dead" lief. Viel Glück dabei!

INS KLOSTER GEHEN – *oder auch nicht*

Bedenken Sie die Vorteile! Nie wieder Ärger mit Männern, nie wieder Liebeskummer, nie wieder Streit, welchen Film Sie im Kino angucken! Dafür: Ruhe, Ruhe und nochmals Ruhe! Nur unterbrochen von ehrlicher und nützlicher Arbeit und ... Gebeten?! Dazu unvorteilhafte, weil zeltartige Nonnenkluft tragen und ein Leben lang – oder zumindest eine sehr lange Zeit – mit chronisch frommen Frauen unter einem kalten Dach leben, die bestimmt keine Lust haben, donnerstags zusammen „Germany's next Topmodel" zu gucken?! Okay, Sie haben recht, wir ziehen den Vorschlag zurück.

ZURÜCK *zur Jugendliebe*

Sie waren das Traumpaar, damals in Untergrötzenkirchen? Wenn er mit Ihnen auf dem Beifahrersitz seinen tiefergelegten VW Scirocco auf der Landstraße auf 170 quälte und Ihre Dauerwelle aus dem geöffneten Fenster im Wind flatterte, fühlte sich das wie pures Glück an? Im nahe gelegenen Laubwäldchen wurde ein Baumstamm mit „Love forever' tätowiert? Auf dem Dorffest konnte er seinen Bierkrug am längsten stemmen? In der Abizeitung fuhren Sie in der Rubrik „Traumpaar forever" einen Kantersieg ein? Und dann haben Sie es verbockt! Bildeten sich ein, das wahre Leben spüren zu müssen, indem Sie ein Jahr als Au-pair in einem grauen Vorort von Detroit bei einer Mormonenfamilie verbrachten und deren acht Kinder hüteten. Danach dachten Sie immer noch, Sie wären jetzt Weltbürger und könnten mit kleingeistigem Dorfinventar nichts mehr anfangen. Den Dorftrottel servierten Sie einfach ab, bevor Sie zum Studium nach München oder Berlin zogen. Was?! Sie schmetterten seinen schüchternen Heiratsantrag gnadenlos ab? Angesichts Ihrer jetzt sehr brenzligen Situation war das vielleicht ein großer Fehler. Aber womöglich ist es noch nicht zu spät. Kehren Sie reumütig zu Ihrer Jugendliebe zurück, sofern er noch nicht den Hof seiner Eltern übernommen und mit der Dorfschönheit sechs Kinder gezeugt hat.

Kehren Sie zu Ihrer Jugendliebe zurück

RÜCKKEHR ZUR BASIS

Ziehen Sie wieder bei Ihren Eltern ein, die haben garantiert nichts dagegen, die Puppenarmee von Ihrem weiß geschnörkelten Gitterbett zu räumen. Fürsorglicherweise finden Sie am ersten Abend Ihre „Bille & Zottel"-Gesamtausgabe auf dem Kopfkissen. Und irgendwo in der Kommode fand sich sicherlich auch noch Ihr einteiliger Marsupilami-Schlafanzug, den Ihre Mutter Ihnen schon unters Kopfkissen gelegt hat. Abends sitzen Sie wie früher bei „Derrick" gemeinsam vor dem Fernseher, mampfen Erdnusslocken und Salzletten und finden es ebenfalls wie früher sehr beklemmend, wenn im Fernsehen sich jemand küsst oder gar Geschlechtsverkehr praktiziert wird. Aber ist ja alles für einen guten Zweck!

WIEDERGEWINNEN VON VERTRAUEN

Knüpfen Sie an alte Kontakte an. Melden Sie sich bei den alten Freundinnen, die in der Heimat hängengeblieben sind, Bicolor-Frisuren und Dreiviertelhosen tragen, welche sie 20 Jahre älter aussehen lassen, und Ihnen erzählen, dass sie neulich mal in Hamburg waren, allerdings große Angst vorm U-Bahn-Fahren hatten. Schwärmen Sie von den alten Zeiten, versuchen Sie, wieder Dialekt zu sprechen, beschwören Sie die gemeinsame Jugend („Weischt noch, als du dem Florian damals aus Versehen in den Mund gekotzt hast?"). So schleichen Sie sich langsam wieder ein, in die alte Kleinstadt- oder Dorfgemeinschaft, die Ihnen erst mal skeptisch gegenüberstehen wird. Vermeiden Sie jegliche Sätze, die mit „Also in Berlin wär das ja undenkbar ..." anfangen.

LANGSAME ANNÄHERUNG

Tipp & Top

Kreisen Sie Ihre Jugendliebe nach und nach ein. Sorgen Sie dafür, dass Ihre Rückkehr zu ihm durchsickert. Falls er liiert ist, lesen Sie in dieser Lektion das Kapitel „Den Freund der Freundin ausspannen" noch mal sorgfältig durch. Wenn er alleinstehend ist, überprüfen Sie die Bedingungen: Wohnt er zum Beispiel immer noch bei seinen Eltern oder in einer miefigen Einliegerwohnung mit Linoleumboden? Dann könnte es vielversprechend sein, sich als eine Art Haushälterin ins Spiel zu bringen, die ihm regelmäßig warme Mahlzeiten kocht und die Wäsche macht. Das finden Sie abschreckend? Machen Sie sich locker – Sie sind gerade wieder bei Ihren Eltern eingezogen.

BESCHWÖRUNG DER VERGANGENHEIT

Zeigt er kein Interesse an Ihnen als die Person, die das Leben mittlerweile aus Ihnen gemacht hat, versuchen Sie es mit einer Überdosis Nostalgie. Tauschen Sie Ihren praktischen Kleinwagen gegen einen alten Scirocco. Tragen Sie wieder Samtrosetten im Haar, rote Levi's 501 und Ihre alten Doc Martens. Veranstalten Sie Feten im holzvertäfelten Partykeller Ihrer Eltern, auf denen Sie riesige Mengen Eckes Edelkirsch und Berentzen Saurer Apfel servieren. Irgendwann beim Klammerblues zu „Reality" von Richard Sanderson werden Sie knutschen – ganz bestimmt!

DER IMAGINÄRE PARTNER
(braucht ein bisschen Fantasie)

Vielleicht haben Sie das Phänomen schon mal bei Kleinkindern beobachtet: Diese haben oft einen imaginären Freund, der sogar mit am Tisch sitzt und für den die Eltern einen gefüllten Teller hinstellen müssen, weil es sonst Geschrei gibt. Eine solche imaginäre Figur hatte auch Harald Schmidt vor vielen Jahren mal in seiner Sendung installiert: Einen unsichtbaren Komoderator, der Horst hieß, jeden Abend auf einem Stuhl neben Schmidt Platz nahm und öfter nach seiner Meinung gefragt wurde. Tun Sie es Harald Schmidt und den Kleinkindern gleich! Denken Sie sich einen Partner aus und beginnen Sie ein Leben zu zweit zu führen.

ANLEITUNG

Den unsichtbaren Partner einfach in den Alltag einbauen:

- Immer für zwei kochen und für ihn mitdecken.
- Beim Bäcker Brötchen für zwei holen.
- Öfter mal seine Lieblingsmarmelade kaufen.
- Einen Geburtstagstermin für ihn festlegen, Geschenke kaufen, Torte backen.
- Männerkleidung unordentlich über einen Stuhl drapieren.
- Rasierzeug auf dem Bord unter dem Spiegel deponieren.
- „Die ultimative DVD für Singles. Nie mehr allein" besorgen. Das ist eine „belebte, virtuelle Wohnungsillusion mit Alltagsgeräuschen" – unter anderem: einlaufendes Badewasser, Öffnen des Kühlschranks, Bieröffnen, Besteck- und Geschirrklappern, knisternder Kamin ...
- Samstags ab halb vier die Bundesligakonferenz im Radio anhören.
- Schreiben Sie sich ab und zu Postkarten, die Sie mit seinem Namen („In Liebe, Dein XY") unterschreiben.

Falls Sie trotzdem Probleme haben, die Angelegenheit ernst zu nehmen: Helfen Sie sich wie Tom Hanks im Film „Verschollen". Nach einem Flugzeugabsturz, den er als Einziger überlebt, strandet er auf einer einsamen Insel. Um nicht völlig durchzudrehen, malt er einem ebenfalls gestrandeten Lederfußball ein Gesicht und nennt ihn Wilson. Wilson ist ab sofort sein Ansprechpartner und enger Vertrauter, mit dem er über alles reden kann. Sie können je nach Basteltalent einen Fußball nehmen oder eine Melone, der Sie ein Gesicht aufmalen, oder einen Kürbis ... Das Gemüse müssen Sie natürlich regelmäßig auswechseln. Eine Gummipuppe erfüllt ebenfalls ihren Zweck.

TRAUMMANN
BEHALTEN
AB TAG 30

Trick

Es ist vollbracht! Sie haben auf die eine oder andere Weise jemanden kennengelernt, den Sie einer mehr oder wenigen harten Prüfung unterzogen haben – je nachdem, wann zwischen Tag 1 und 30 Sie erfolgreich waren. Jetzt müssen Sie vorsichtig sein und dürfen diesen wirklich hart erarbeiteten Erfolg nicht sofort wieder durch ein paar Anfängerfehler oder Ihre möglicherweise vorhandenen chronischen Schrullen riskieren! Nicht, dass Sie in Ihrer grenzenlosen Euphorie übers Ziel hinausschießen und er die Flucht ergreift. Aber keine Sorge, wenn Sie sich an ein paar einfache Regeln halten, kann gar nichts mehr schiefgehen.

DIE SIEBEN TODSÜNDEN *der frischliierten Frau*

1. DAS KLETTENSYNDROM

Mit ziemlicher Sicherheit machen Sie es zunächst nicht besser als alle anderen: In den ersten Wochen bekommen Ihre Freundinnen Sie selten zu Gesicht, Sie werden wie ein Teenager im Liebesrausch alles andere vernachlässigen und sich sehr bald die Aggressionen Ihrer Freunde und Freundinnen – besonders der alleinstehenden – zugezogen haben. Die Kinoverabredung sagen Sie mit kichernd-frivoler Stimme telefonisch ab („Torsten und ich werden es heute wohl nicht mehr aus dem Bett schaffen ..."); Ihrer besten Freundin, die seit einigen Jahren die Sonntage mit Ihnen verbracht hat, in den Zoo gegangen ist und in den botanischen Garten und sich Ihr frustriertes Singlegeheule stets geduldig angehört hat (oder zumindest so getan hat, denn irgendwann fiel es Ihnen gar nicht mehr auf, dass ihre einzigen Gesprächsbeiträge aus den Silben „Hm, ja“ und „Mmmm“ bestanden), hat plötzlich ausgedient? Weil es jeden Freitag heißt: „Sorry, Torsten und ich wollen am Wochenende endlich mal wieder ein bisschen Zeit zu zweit haben.“

Das geht nicht! Mal ganz abgesehen davon, dass Torsten womöglich zuletzt im Zoo gewesen ist, als er acht war, und nicht vorhat, das zu ändern, ehe er in frühestens zehn Jahren über Kinder nachdenkt. Einer der größten Fehler, den Sie machen können, ist, sich voll und ganz auf ihn zu konzentrieren und Ihr ganzes Leben auf ihn auszurichten. Sie entledigen sich unnötigerweise Ihres eigenen hochintakten Soziallebens und kommen außerdem ziemlich devot rüber.

2. ÜBERTRIEBENE ERGEBENHEIT

Apropos devot: Ja, es ist in Ordnung, es ihm möglichst schönmachen zu wollen und ihn zu unterstützen. Gehen Sie aber nie so weit, sich unnötigerweise völlig unterzuordnen oder kleinzumachen.

VORSICHT

Vermeiden Sie folgende Sätze – Sie sind nicht seine Haushälterin:

- „Schatz, was möchtest du heute Abend gerne essen, damit ich entsprechend einkaufen kann?“
- „Schatz, Claudia hat mich gefragt, ob wir diese Woche mal abends zum Yoga gehen. Da wollte ich vorher mit dir absprechen, wann ich Zeit habe.“
- „Schatz, soll ich die Hemden mit Flieder- oder Lemon-Breeze-Bügelwasser bügeln?“

> „Wann werden du und die Jungs denn Samstagnacht ungefähr nach Hause wollen? Gegen fünf? Kein Problem, klar hole ich euch mit dem Auto ab."

> „Welchen Duft mag deine Mutter besonders gerne? Ich könnte nachher noch in der Parfümerie vorbeischauen."

> „Nein, natürlich macht es mir nichts aus, wenn du dir mit deiner heißen Bürokollegin mit den Fohlenbeinen auf Geschäftsreise ein Doppelzimmer teilen musst."

3. KONTROLLFREAK

Ein gewisses Vertrauen sollten Sie ihm allerdings entgegenbringen, um die Beziehung nicht früh zu sprengen. Halten Sie Ihren Verfolgungswahn im Zaum. Keiner mag das Gefühl, von einer Art selbsternanntem Privatdetektiv ausgekundschaftet zu werden und ständig unter Beobachtung zu stehen. Verzichten Sie auf:

- *Penetrante Fangfragen nach jedem Abend, den er nicht mit Ihnen verbracht hat: „Und, wer von deinen Kolleginnen war so dabei?"*
- *Die regelmäßige Kontrolle seiner Hemden auf Parfüm- oder Lippenstiftspuren nach Dienstreisen.*
- *Die Überprüfung des Internetbrowser-Verlaufs auf seinem PC, das Öffnen seiner Post, das heimliche Lesen seiner SMS und die Durchsicht der Telefonrechnungen nach auffällig langen Telefonaten. (Damit sind natürlich nicht die zwei Stunden täglich gemeint, die Sie mit Ihrer besten Freundin telefonieren, und auch nicht die ewigen Gespräche mit Ihrer Mutter – aber die Nummern kennen Sie ja ohnehin besser als Ihr eigenes Geburtsdatum.)*

4. ZU HOHE ANSPRÜCHE

Natürlich haben Sie es verdient, auf Händen getragen und wie eine Königin behandelt zu werden. Die Frage ist nur, welcher Mann das dauerhaft durchhält – es war ja schon schwer genug, überhaupt einen zu finden, der es permanent mit Ihnen aufnehmen will. Verabschieden Sie sich frühzeitig nicht nur von Rosamunde-Pilcher-Hirngespinsten, hören Sie ebenfalls auf, in ihm einen Bruder im Geiste des jungen Werthers zu sehen. Auch muss nicht jeder gleich wie Alexander Puschkin im Duell mit dem Liebhaber seiner Frau sterben, um genug Commitment gezeigt zu haben.

5. ZU NIEDRIGE ANSPRÜCHE

Schon klar, Sie haben lange geackert, um überhaupt bis hierhin zu kommen – ein gewisses Mindestmaß an Ansprüchen müssen Sie aber beibehalten, um Ihre Würde nicht leichtfertig zu entsorgen.

VORSICHT

Manches Benehmen sollten Sie sich keinesfalls gefallen lassen:

- Er vergisst Ihren Geburtstag.
- Noch viel weniger in Ordnung: Sie bekommen von ihm einen Douglas-Gutschein zum Geburtstag mit einem Kärtchen „Kauf Dir was Schönes“.
- Im Kino sehen Sie – seit Sie mit ihm zusammen sind – ausschließlich Filme, die zu geschätzten 80 Prozent aus Schieß- und Folterszenen bestehen.
- Den Satz „Jetzt stell dich verdammt noch mal nicht so an“ hören Sie mehrmals pro Woche. Es sei denn, Sie leiden am Hausdrachen-Syndrom – dann darf er das ab und an sagen.

6. SCHWÄCHEN LEUGNEN

Schwächen leugnen funktioniert ja perfiderweise so: Man tut, als wären die eigenen Spleens und Macken normal und der andere intolerant, blöd oder nicht ganz dicht, wenn er sich dagegen wehrt.

Gehören Sie zu der Sorte Hausdrachen, welche die Kanten von Handtüchern ganz automatisch im Vorbeigehen in eine Parallele rücken und ausgefuchste Sortiersysteme für Lebensmittel und Haushaltsgegenstände entwickeln? Das ist keine Schande, aber er muss das nicht begrüßen. Vielmehr wird er ein Problem damit haben, dass Sie ein Problem damit haben, dass er Ihren Ordnungswahn nicht teilt. Sie müssen in sich gehen und damit aufhören, Ihre Vorstellung, wie bestimmte Dinge zu laufen und zu sein haben, als die einzig gültige zu betrachten. Nicht jeder, der Handtücher nicht parallel auf Kante ordnet, ist ein Messie. Gestehen Sie sich das endlich ein.

Seien Sie ihm gegenüber tolerant

7. WECKEN FALSCHER ERWARTUNGEN

Sie sind ganz frisch mit jemandem zusammen, da wollen Sie das junge Glück natürlich nicht trüben ...
Er eröffnet Ihnen – kurz nachdem er bei Ihnen eingezogen ist –, dass sein Rottweiler, der bisher bei seinen Eltern lebte, bald zu Ihnen zieht? Ja super, Sie sind total tierlieb und freuen sich riesig auf die Haare auf sämtlichen Möbeln und auf eine Kampfmaschine, die womöglich demnächst ein Kleinkind zerfleischt.
Er schwärmt von seinen Abenteuerurlauben nach Mittelamerika und den vierwöchigen Zelturlauben in den kargen Bergen Norwegens? Prima, Camping fanden Sie auch schon immer

total toll, besonders die Insekten unter der bestialisch stinkenden Luftmatratze, den Regen, der nachts durch die Ritzen des Zelts dringt und die Ravioli-Mahlzeiten auf dem windigen Campingkocher.

So wird es nicht funktionieren. Spätestens, wenn Sie den Rottweiler heimlich mit Rattengift gefüttert und in Norwegen einen hysterischen Anfall bekommen haben, nachdem Sie eine Eidechse an der Zeltinnenwand erspäht haben, wird es zu ernsthaften Spannungen kommen. Seien Sie von Anfang an einigermaßen ehrlich und behaupten Sie nicht, Dinge gut zu finden, die bei Ihnen Beklemmungen und kaltes Grausen auslösen – das wird auffliegen, garantiert.

SICH GUT STELLEN *mit seinem Umfeld*

SEINE ELTERN

Früher oder später steht der Besuch bei seinen Eltern an. Egal, ob er ein hervorragendes Verhältnis zu seinen Eltern pflegt oder es schon schlimm findet, an Geburtstagen zum Gratulieren anrufen zu müssen, in beiden Fällen steht er unter Strom. Entweder, weil er Angst hat, dass seine Eltern sich danebenbenehmen, und ihm das vor Ihnen sehr peinlich wäre – oder umgekehrt. Und glauben Sie seinen Erzählungen nicht aufs Wort – vielleicht will er Sie nur schonen („Wenn man nicht gerade über den Zweiten Weltkrieg oder die Migrantenfrage redet, ist Papa eigentlich ganz verträglich ..."). Das Anstrengende an Schwiegereltern in spe ist ganz grundsätzlich: Sie interessieren sich immer um ein Vielfaches mehr für den neuen Partner des eigenen Kindes, als Ihnen recht sein kann. Sie können allerdings Komplikationen aus dem Weg gehen, wenn Sie wissen, auf welchen Typ Sie wie reagieren sollen.

Die Hoffnungsvollen

Der Junge geht langsam auf die 40 zu, und Enkelkinder gibt es immer noch nicht? Sie sind die Inkarnation der Hoffnung, ein Licht am grauen, weil kinderlosen Horizont. Die einzige Rolle, die Sie für seine Eltern spielen, ist die der Großelternmacherin. Beliebte und nur scheinbar beiläufige Frage der zukünftigen Schwiegermutter: „Also, das mit dem Elterngeld, das finden wir ja wirklich klasse, oder?" Die skrupellose Variante: „Und Ihr Zyklus ist noch regelmäßig, ja?"

Verhaltenstipp: Fruchtbarkeitsfragen stoisch weglächeln, keine Empörung angesichts der Indiskretion zeigen. Das wird ohnehin Ihr Partner erledigen.

Die Beschützer

Sobald Sie erwähnen, dass Sie freiberuflich arbeiten, sehen die Beschützereltern in Ihnen eine lebensunfähige Chaotin mit einem Bein in der Sozialhilfe. Gelingt es Ihnen nicht, in einem Satz zu erklären, was Sie beruflich machen, halten sie Sie entweder für eine Prostituierte oder Heiratsschwindlerin. Die beschützende Schwiegermutter in spe findet Sie „bossy", wenn sie einmal mitbekommen hat, wie Sie ihren Sohn bei Tisch nach der Salatschüssel fragten, ohne „Bitte" zu sagen. Und falls Sie einmal bei einem Besuch vergessen, Ihre Hilfe beim Abspülen anzubieten, heißt es hinter Ihrem Rücken: „Ein bisschen mehr mit anpacken könnte sie ja schon."

Verhaltenstipp: Tisch ungefragt abräumen, Hilfe beim Abspülen anbieten, eigene Schürze mitbringen, vielleicht mal ganz spontan einen Kuchen backen.

Die Unzufriedenen

Die unzufriedenen Schwiegereltern in spe sind elitär. Sie finden es wichtig, was die Eltern der neuen Partnerin ihres Sohnes beruflich machen, auf welches Internat sie gegangen ist und ob sie Golf spielt. Selbst nach Jahren werden Sie noch gesiezt. Für die Unzufriedenen ist ihr Sohn ein wertvolles Geschenk, das nicht jede verdient hat. Und so begegnen sie Ihnen als neue Partnerin mit ungesunder Skepsis. Sie können es ihnen schwer recht machen, insbesondere wenn Ihre Eltern keine Akademiker sind und Sie eine Gesamtschule besucht haben. Sie gelten dann als „ein bisschen einfach". Das eigene Kind, davon sind die unzufriedenen Schwiegereltern in spe überzeugt, könnte ganz leicht eine smartere und attraktivere Partnerin finden. Deshalb verstehen sie nicht so ganz, warum die Wahl ausgerechnet auf Sie gefallen ist.

Seien Sie unbedingt nett zu seinen Eltern

Verhaltenstipp: Bei Besuchen tragen Sie nur noch Barbour- oder Karosteppjacke und passend dazu ein Hermès-Tuch sowie Perlensteckohrringe.

Die Erleichterten

Sie sind die Erlösung – die Befreiung von den Ängsten, die seine Eltern in der mehrere Jahre dauernden Singlephase ihres Sohnes ausstehen mussten. Endlich ist er unter der Haube, und da muss er unbedingt bleiben. Die erleichterten Eltern sind ungemein zuvorkommend, kochen immer Ihr Lieblingsgericht, schenken Ihnen ständig Pflegeprodukte, schlechte Bücher und preisen ihren Sohn an wie die Basarschreier in Marrakesch. So erfahren Sie immer wieder skurrile Details aus der Vergangenheit Ihres Partners. „In der elften Klasse war er ja Hopfenkönig" ist noch eines der harmloseren.

Verhaltenstipp: Immer freundliches und herzliches Lachen, egal, in welche Richtung die Basarschreierei abdriftet („Schon der Kinderarzt damals fand seine Hoden ja außergewöhnlich groß ...").

Die Enthusiastischen

Beim ersten Treffen stellen sich die locker-enthusiastischen Schwiegereltern in spe mit „Ich bin die Ingrid" beziehungsweise „Ich bin der Günther" vor. Sie geben sich betont cool. Ingrid sieht in Ihnen die Tochter, die sie nie hatte. Ständig kramt sie staubig riechende Mäntel und Kostüme vom Dachboden hervor, die sie Ihnen aufzwingt. Günther will, egal, wie spät es ist, immer noch zu dritt in der Küche sitzen und den guten Haselnussbrand aus der Region kredenzen. Obwohl Sie alle zwei Minuten gähnen und „Puh, ich bin ganz schön müde" murmeln, hält Günther Sie für weitere zwei Stunden fest, um Geschichten von damals aus dem besetzten Hörsaal zum Besten zu geben.

Verhaltenstipp: Ziehen Sie die staubigen Kostüme und Mäntel immer erst an, kurz bevor das Haus seiner Eltern in Sichtweite kommt. Lehnen Sie niemals einen Haselnussbrand ab.

Die Trauernden

Egal, was Sie tun und wie sehr Sie sich bemühen: Ihre zukünftigen Schwiegereltern haben den Verlust Ihrer Vorgängerin, die sie zu einer Ikone stilisiert hatten, noch nicht verarbeitet. Sie können also nichts richtig machen. Die Ikone verdiente mehr Geld, hatte den interessanteren Job, ein niedrigeres Golf-Handicap und besseren Wein mitgebracht. In Ihrer Anwesenheit fragen die Eltern ihren Sohn: „Und kommt Susanne auch mal wieder vorbei?" Oder, noch schlimmer: Sie haben nach der Trennung den Kontakt zu Susanne gehalten und laden sie ab und zu zum Nachmittagskaffee oder gar zu Familienfeiern ein.

Verhaltenstipp: Beißen Sie die Zähne zusammen und freunden Sie sich notdürftig mit Susanne an.

SEIN BESTER KUMPEL

An ihm kommen Sie nicht vorbei. Er muss Sie nett finden, damit das dauerhaft etwas werden kann. Eigentlich kann nichts schiefgehen, wenn Sie keine der sieben Todsünden begehen. Vielleicht eine günstige Strategie: Versuchen Sie herauszufinden, was seine Kumpels – speziell sein bester Freund – an seiner Ex besonders schlimm fanden. Und machen Sie alles besser.

Sie war so zickig? Sie wiederum sind selbstredend zuckersüß und total verständnisvoll, selbst wenn er nach zwölf Bier und stinkend wie eine Tabakfabrik um sieben Uhr morgens wie ein Zombie zu Ihnen ins Bett fällt. Sie müssen sich natürlich gut vermarkten, damit seine Freunde auch mitbekommen, wie zuckersüß und cool Sie sind. Deshalb bringen Sie bei gemeinsamen Treffen das Gespräch aufs Thema: „Muss ja echt ein lustiger Abend gewesen sein, letzten Freitag, Torsten war ganz schön verkatert, als ich ihm so ungefähr um zwei Uhr nachmittags ein paar Croissants ans Bett gebracht habe."

ALLTAG ERTRAGEN LERNEN
ohne rosarote Brille

Niemand kann die mühsam errichtete, perfekte Fassade der ersten Wochen für immer aufrechterhalten – Sie werden also schon bald Dinge erfahren, von denen Sie am liebsten nie etwas gewusst hätten:

- ★ *Er sammelt seine abgeschnittenen Zehennägel in einer kleinen Blechdose.*
- ★ *Er hört gern Bon Jovi.*
- ★ *Er wäscht täglich im Waschbecken seine Kompressionsstrümpfe, die er wegen seiner Krampfadern tragen muss.*
- ★ *Nach seinem Stuhlgang riecht es im Badezimmer nach den halb verdauten Rinderpansen, die der Hund Ihrer besten Freundin manchmal erbricht.*

Bleiben Sie locker! Auch Sie riechen in der Früh aus dem Mund nicht nach Veilchen.

ALARMZEICHEN WAHRNEHMEN

Schön und gut, wenn Sie sich sehr aufeinander beziehen und immer ganz genau wissen, was der andere gerade so fühlt, macht, treibt ... Achten Sie aber auf genügend Freiräume.

VORSICHT

Alarmzeichen, die auf eine drohende Psychokiste hinweisen:

- Er schenkt Ihnen ein Handy mit einer Prepaid-Voreinstellung, damit Sie ihn immer und so lange Sie wollen kostenlos anrufen können. Zudem besteht er darauf, dass Sie das mindestens dreimal pro Tag tun.
- Mindestens drei Ihrer Freundinnen haben folgenden Satz schon mal von Ihnen gehört: „Wenn er anruft und fragt, wo ich bin, sag immer, wir waren im Kino und danach bei dir."
- Das Kommando „Los, die Nächste scharf rechts und dann links, wir werden verfolgt" kommt Ihren Auto fahrenden Freundinnen nicht unbekannt vor.

DER WIRKSAMSTE *Beziehungskitt*

INSPIRATION

Es gibt allerlei Studien, die herausfinden wollen, was die wichtigsten Voraussetzungen für harmonische, dauerhafte Beziehungen sind. Ein wichtiger Punkt scheint die gegenseitige Begeisterungsfähigkeit zu sein: Beziehungen, in denen sich die Partner gegenseitig inspirieren und neue Horizonte eröffnen, funktionieren demnach besonders gut. Was heißt das für Sie? Es reicht nicht, Ihrem womöglich lahmen Job nachzugehen und ihm ständig davon vorzuschwärmen, wie toll „Kundalini-Yoga" ist. Werden Sie zu einer Frau, die ihn immer wieder überrascht und mitzieht. Begeistern Sie ihn mit Ihrer Leidenschaft für den kroatischen Autorenfilm der späten 60er-Jahre, Ihrem Faible für das Fliegenfischen und Ihrer Passion für die mediterrane Molekularküche. Aber verwechseln Sie Inspiration nicht mit Hyperaktivität.

SEX

Dazu gibt es nicht viel zu sagen. Wie wir am Anfang dieses Ratgebers gelernt haben, kann es für Männer gar nicht genug Sex geben. Deshalb die schlichte Anweisung: Stehen Sie stets regelmäßig für Sex zur Verfügung. „Ihre Tage“ sollten Sie tatsächlich maximal einmal im Monat als Ausrede benutzen. Vereinzelte YouPorn-Besuche ignorieren Sie gnädig.

PLAN

Für die nächsten 50 Jahre sollten Sie unbedingt Folgendes beachten:

- Bekommen Sie Kinder, die wiederum zahlreiche Enkelkinder in die Welt setzen – so vereinsamen Sie nicht zu zweit und gehen sich auf die Nerven.
- Finden Sie gemeinsame und getrennte Interessen, damit es auch noch läuft, wenn Sie beide in Rente sind. Das gilt insbesondere für ihn. Er sollte dann nicht in ein Loch fallen und Übersprungshandlungen entwickeln (wie Loriot in „Pappa ante Portas“, der sich nach seiner Pensionierung daheim wie in der Firma aufspielt).
- Versuchen Sie, nicht zu so einem Paar zu werden, wie man es in jedem Sommerurlaub beobachten kann: Paare, die zwischen sich riesige, mit Glitzerpalmen und Flamingos geschmückte Eisbecher als Trennwand stehen haben und während des gesamten Abends kein Wort miteinander wechseln.
- Ganz unvermeidbar werden Schrullen und Spleens mit den Jahrzehnten auf beiden Seiten schlimmer. Versuchen Sie beide trotzdem, sich nicht füreinander zu schämen und diese

Scham ständig zu äußern. Er sollte Sie nicht in Anwesenheit anderer Menschen dissen und gängeln; Sie wiederum sollten nicht zu laut und gleichzeitig verlegen lachen, wenn er wieder schlüpfrige Witze macht – und ständig „ja, so isser, der Papa" flöten müssen, um Situationen vermeintlich zu entschärfen.

KINDERSEGEN NICHT *auf die lange Bank schieben*

Ein schwieriges Thema – falls Sie sich nicht einig sind. Wenn Sie beide kaum erwarten können, sich fortzupflanzen, schön für Sie. Öfter gibt es leider eine andere Konstellation: Er will (noch) nicht, Sie unbedingt. Sie haben drei Möglichkeiten:

- *Sie geben klein bei und warten, bis er bereit ist und Sie über 40 und nah dran an der Menopause.*
- *Oder: Sie machen Theater und triezen ihn so lange, bis er entweder genervt klein beigibt oder das Weite sucht.*
- *Oder: Sie setzen die Pille heimlich ab und machen weiter wie bisher. Falls Sie die nicht nur unter Teenagern gern genutzte, völlig blödsinnige Verhütungsmethode „Aufpassen" praktizieren, passen Sie demnächst einfach nicht mehr so sehr auf.*

Es fällt hier schwer, eine eindeutige Empfehlung auszusprechen, wir neigen jedoch dazu, Variante eins außer Acht zu lassen. Sie wissen nie, ob das mit Ihnen beiden für immer ist – und nichts ist deprimierender, als mit unerfülltem Kinderwunsch in die Wechseljahre zu kommen, während er bis ins

Jopie-Heesters-Alter seinen Samen gewinn- sprich kinderbringend verstreuen kann.

Vielleicht ist die „Ups, ein Versehen"-Variante die beste: Bestimmt sind Sie eine hervorragende Schauspielerin und können glaubhaft machen, dass es der kleine Magen-Darm-Infekt gewesen sein muss, der die Pille um ihre Wirkung brachte. Und wer „Aufpassen" als Verhütungsmethode nutzt, der braucht sich eh nicht zu wundern, wenn irgendwann entsprechende Ergebnisse erzielt werden. Da kann er Ihnen kaum einen Vorwurf machen. Tun Sie anfangs einfach ein bisschen erschrocken, als hätten Sie damit auf gar keinen Fall gerechnet. Vorausgesetzt, er findet Sie irgendwie toll, wird er darauf verzichten, Ihnen vorzuwerfen, Sie hätten ihm ein Kind „untergejubelt". Und allerspätestens sobald das Kind auf der Welt ist, entwickeln fast alle Männer Vaterinstinkte.

BEZIEHUNGSKILLER KIND

Verherrlichen Sie das Kinderkriegen keinesfalls zu sehr. Die Wahrheit ist: Sie werden fett; nach der Geburt wird Ihr Körper aussehen wie ein Schlauch, aus dem jemand die Luft gelassen hat; Sie werden keine Zeit mehr für Sex haben, und Ihr Partner und Sie werden genervt aufeinander reagieren. Sie, weil Sie das Gefühl haben, er lässt Sie mit dem ganzen Irrsinn allein; er, weil Sie sich zu einem übernächtigten, depressiven Monster entwickelt haben. Aber keine Sorge – auch das geht irgendwann vorbei! Und überhaupt: Ihr Traummann liebt Sie natürlich auch als übergewichtiges, depressives Monster!

Passen Sie gut auf Ihren Traummann auf